부수명칭(部首名稱)

	1획				
一	한 일	大	큰 대	木	나무 목
丨	뚫을 곤	女	계집 녀	欠	하품 흠
丶	점 주(점)	子	아들 자	止	그칠 지
丿	삐칠 별(삐침)	宀	집 면(갓머리)	歹(歺)	뼈앙상할 알(죽을사변)
乙(乚)	새 을	寸	마디 촌	殳	칠 수 (갖은등글월문)
亅	갈고리 궐	小	작을 소	毋	말 무
	2획	尢(尣)	절름발이 왕	比	견줄 비
二	두 이	尸	주검 시	毛	터럭 모
亠	머리 두(돼지해머리)	屮(艸)	싹날 철	氏	각시 씨
人(亻)	사람 인(인변)	山	메 산	气	기운 기
儿	어진사람 인	巛(川)	개미허리(내 천)	水(氵)	물 수(삼수변)
入	들 입	工	장인 공	火(灬)	불 화
八	여덟 팔	己	몸 기	爪(爫)	손톱 조
冂	멀 경(멀경몸)	巾	수건 건	父	아비 부
冖	덮을 멱(민갓머리)	干	방패 간	爻	점괘 효
冫	얼음 빙(이수변)	幺	작을 요	爿	조각널 장(장수장변)
几	안석 궤(책상궤)	广	집 엄(엄호)	片	조각 편
凵	입벌릴 감 (위터진입구)	廴	길게걸을 인(민책받침)	牙	어금니 아
刀(刂)	칼 도	廾	손맞잡을 공(밑스물입)	牛(牜)	소 우
力	힘 력	弋	주살 익	犬(犭)	개 견
勹	쌀 포	弓	활 궁		5획
匕	비수 비	彐(彑)	돼지머리 계(터진가로왈)	玄	검을 현
匚	상자 방(터진입구)	彡	터럭 삼(삐친석삼)	玉(王)	구슬 옥
匸	감출 혜(터진에운담)	彳	조금걸을 척(중인변)	瓜	오이 과
十	열 십		4획	瓦	기와 와
卜	점 복	心(忄·㣺)	마음 심(심방변)	甘	달 감
卩(㔾)	병부 절	戈	창 과	生	날 생
厂	굴바위 엄(민엄호)	戶	지게 호	用	쓸 용
厶	사사로울 사(마늘모)	手(扌)	손 수(재방변)	田	밭 전
又	또 우	支	지탱할 지	疋	필 필
	3획	攴(攵)	칠 복 (등글월문)	疒	병들 녁(병질엄)
口	입 구	文	글월 문	癶	걸을 발(필발머리)
囗	에울 위(큰입구)	斗	말 두	白	흰 백
土	흙 토	斤	도끼 근(날근)	皮	가죽 피
士	선비 사	方	모 방	皿	그릇 명
夂	뒤져올 치	无(旡)	없을 무(이미기방)	目(罒)	눈 목
夊	천천히걸을 쇠	日	날 일	矛	창 모
夕	저녁 석	曰	가로 왈	矢	화살 시
		月	달 월	石	돌 석

示(礻)	보일 시		谷	골 곡		\multicolumn{2}{c}{10 획}
内	짐승발자국 유		豆	콩 두		馬	말 마
禾	벼 화		豕	돼지 시		骨	뼈 골
穴	구멍 혈		豸	발없는벌레 치(갖은돼지시변)		高	높을 고
立	설 립		貝	조개 패		髟	머리털늘어질 표(터럭발)
\multicolumn{2}{c}{6 획}		赤	붉을 적		鬥	싸울 투
竹	대 죽		走	달아날 주		鬯	술 창
米	쌀 미		足(⻊)	발 족		鬲	솥 력
糸	실 사		身	몸 신		鬼	귀신 귀
缶	장군 부		車	수레 거		\multicolumn{2}{c}{11 획}
网(⺲·罒)	그물 망		辛	매울 신		魚	물고기 어
羊	양 양		辰	별 진		鳥	새 조
羽	깃 우		辵(辶)	쉬엄쉬엄갈 착(책받침)		鹵	소금밭 로
老(耂)	늙을 로		邑(⻏)	고을 읍(우부방)		鹿	사슴 록
而	말이을 이		酉	닭 유		麥	보리 맥
耒	쟁기 뢰		釆	분별할 변		麻	삼 마
耳	귀 이		里	마을 리		\multicolumn{2}{c}{12 획}
聿	붓 율		\multicolumn{2}{c}{8 획}		黃	누를 황
肉(月)	고기 육(육달월변)		金	쇠 금		黍	기장 서
臣	신하 신		長(镸)	길 장		黑	검을 흑
自	스스로 자		門	문 문		黹	바느질할 치
至	이를 지		阜(⻖)	언덕 부(좌부방)		\multicolumn{2}{c}{13 획}
臼	절구 구(확구)		隶	미칠 이		黽	맹꽁이 맹
舌	혀 설		隹	새 추		鼎	솥 정
舛(舛)	어그러질 천		雨	비 우		鼓	북 고
舟	배 주		靑	푸를 청		鼠	쥐 서
艮	그칠 간		非	아닐 비		\multicolumn{2}{c}{14 획}
色	빛 색		\multicolumn{2}{c}{9 획}		鼻	코 비
艸(艹)	풀 초(초두)		面	낯 면		齊	가지런할 제
虍	범의문채 호(범호)		革	가죽 혁		\multicolumn{2}{c}{15 획}
虫	벌레 충(훼)		韋	다룸가죽 위		齒	이 치
血	피 혈		韭	부추 구		\multicolumn{2}{c}{16 획}
行	다닐 행		音	소리 음		龍	용 룡
衣(衤)	옷 의		頁	머리 혈		龜	거북 귀(구)
襾	덮을 아		風	바람 풍		\multicolumn{2}{c}{17 획}
\multicolumn{2}{c}{7 획}		飛	날 비		龠	피리 약변
見	볼 견		食(飠)	밥 식(변)		*는	*忄 심방(변) *扌 재방(변)
角	뿔 각		首	머리 수		부수의	*氵 삼수(변) *犭 개사슴록(변)
言	말씀 언		香	향기 향		변형글자	*⻏(邑) 우부(방) *⻖(阜) 좌부(변)

3단계 중학+고등
고사성어
故事成語
쓰기교본

국립중앙도서관 출판시도서목록(CIP)

(3단계 중학+고등) 고사성어 쓰기교본 / 감수자: 최청화, 유향미.
─ 서울 : 창, 2016 p. ; cm

한자표제: 古事成語
표제관련정보: 중·고에서 일반인까지 꼭 필요한 인성교육 지침서!
권말부록: 부수(部首) 일람표 등 색인수록
ISBN 978-89-7453-414-1   13710 : ₩12000

고사 성어[古事成語]
한자 학습[漢字 學習]

711.47-KDC5
495.71-DDC21   CIP201617283

3단계 중학+고등 고사성어 쓰기교본

2016년 7월 15일 1쇄 발행
2019년 11월 25일 2쇄 발행

감수자 | 최청화/유향미
펴낸이 | 이규인
펴낸곳 | 도서출판 **창**
등록번호 | 제15-454호
등록일자 | 2004년 3월 25일

주소 | 서울특별시 마포구 대흥로 4길 49. 용강동, 월명빌딩 4층
전화 | (02) 322-2686, 2687 / **팩시밀리** | (02) 326-3218
홈페이지 | http://www.changbook.co.kr
e-mail | changbook1@hanmail.net

ISBN 978-89-7453-414-1   13710

정가 12,000원
*잘못 만들어진 책은 〈도서출판 **창**〉에서 바꾸어 드립니다.

*이 책의 저작권은 〈도서출판 **창**〉에 있습니다.
 저작권법에 의해 보호를 받는 저작물이므로 무단 전재와 복제를 금합니다.

3단계 중학+고등
고사성어 故事成語
쓰기교본

최청화·유향미 감수

창 Chang Books

Foreword

머리말

여러분은 지금 국제화 시대에 살고 있습니다. 한자는 중국 등 한자문화권 국가와의 비즈니스 관계에 따라 영어와 마찬가지로 여러분과 떼려야 뗄 수 없는 불가분의 관계입니다. 지구상에 글자를 소리글자과 뜻글자로 크게 분류한다면 소리글자가 영어라면 뜻글자는 한자입니다. 현재 중국, 한국, 일본 등에서 쓰이고 있으며, 이러한 시대 상황을 고려하여 편집·제작된 **3단계 중학+고등 고사성어 쓰기교본**은 교육부에서 발표한 21세기 한자·한문 교육의 내실을 기하며, 새로운 교육적 전망을 확립하기 위하여 만들어졌습니다. 고사성어(古事成語)란 옛날에 있었던 일에서 유래하여 관용적인 뜻으로 굳어 쓰이는 글귀이며, 사자성어(四字成語)는 네 개의 한자로 이루어져 관용적으로 쓰이는 글귀 즉, 한자 성어입니다.

본교재(本敎材)는 이러한 사자성어를 포함한 숙어를 수준별로 구성하여 단계적으로 학습할 수 있게 엮었다는 특징을 갖고 있습니다. 고사 성어는 선인들이 우리에게 물려준 정신적 문화 유산이자 소중한 보물입니다. 따라서 한자 능력시험의 8급~1급까지의 기초한자 및 필수한자와 핵심 한자 등을 포함해서 누구나 부담없이 공부할 수 있도록 단계별로 구성하였습니다. 그리고 왕초보자를 위해 필순을 넣어 쉽게 쓸 수 있도록 하였을 뿐만 아니라 쓰기 연습을 넣어 한 번에 완벽하게 끝낼 수 있도록 하였으며, 또한 10년 이상 각종 시험자료에서 입증된 핵심한자를 수능시험에 다년간 출제된 고사성어를 집중적으로 구성하였습니다. 우리글의 상당 부분은 한자에서 유래된 말이라서 비록 복잡하지만 공부해보면 정말 신비하고 재미있는 철학이 담겨있다는 것을 알게 될 것입니다.

이 책의 구성을 살펴보면,
Part Ⅰ 1단계 – 중학교 고사성어(초급 단계)
Part Ⅱ 2단계 – 고등학교 고사성어(중급 단계)
Part Ⅲ 3단계 – 일반대학 고사성어(고급 단계)

이와 같이 고사 성어를 단계와 급수별로 분류한 후, 찾기 쉽게 '가나다(ㄱ, ㄴ, ㄷ)'순으

Foreword

로 한 후 주요 한자순으로 배열·수록하였으며, 학생들이 학습에 필요한 고사성어와 숙어를 학습하고, 국가공인 한자자격증 시험을 준비하는 데 도움을 주고자 상용 한자 어휘의 자료를 충실히 반영하고, 그외 다양한 실생활과 학업에 필요한 고사성어를 총망라하여 약 400개를 열거하였습니다. 또한 보다 쉽고 찾기 쉬운 사전적 구성과 현대적 감각 출제 빈도가 높으면서 꼭 알고 반드시 숙지해야 할 고사성어를 사전적으로 구성하여 접근성을 높였습니다. 급수 표기는 (社)대한민국한자교육연구회(대한검정회)와 (社)한국어 문회가 배정한 공동으로 사용되는 급수를 앞에 수록하였으며, 중국어 간체자뿐만 아니라 일본어 약자 및 파생어 등도 함께 수록하여 한자 익히기에 도움을 주었습니다.

　부록은 한자 학습에 꼭 필요한 알찬 내용만을 엄선하여 실었습니다. 아무쪼록 이 책을 통하여 고사성어가 한자지식을 넓히는 것은 물론, 인생의 지혜를 깨우쳐서 일상생활에서도 차원 높고 풍부한 어휘를 구사하여 삶의 지혜를 체득하는 지름길이 되었으면 합니다.

　참고로 이 책을 학습하는 데 필요한 사용기호를 살펴보면,
기본 뜻 외에 영어, 중국어, 일본어 등을 표기하고 교육용 1000 기본한자는 대자와 상대자, 약자와 속자 등을 제시하고 영 → 영어 중 → 중국어 일 → 일본어 유 → 유의어 반 → 반의어를 표시하였습니다.

〈본문설명〉

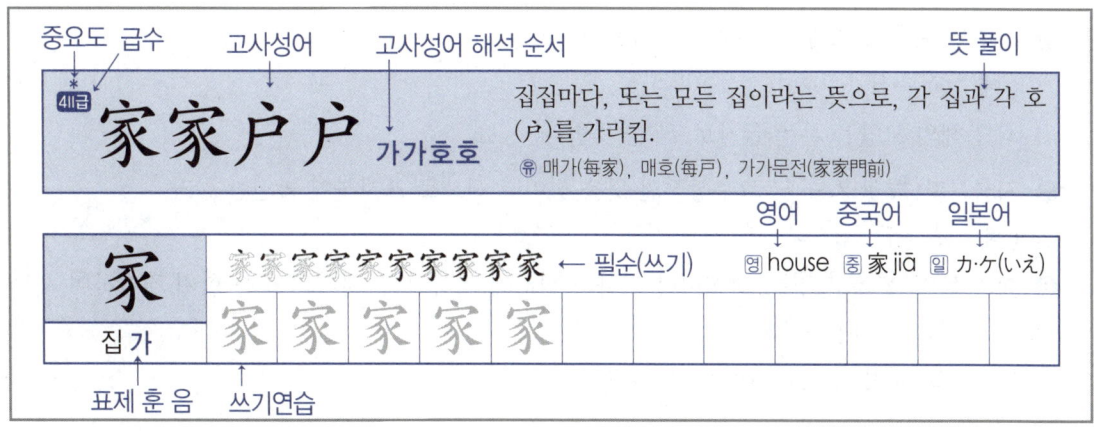

한자(漢字)에 대하여

1. 한자(漢字)의 필요성
지구상에서 한자가 통용되는 인구는 줄잡아 14억을 넘고 있다. 최근 글로벌 시대를 맞이하여 한자를 사용하고 있는 한국·중국·일본을 중심으로 한 동아시아의 경제와 문화가 급격히 부상하면서 한자 학습의 중요성이 더욱 강조되고 있다.

2. 한자(漢字)의 생성 원리
한글은 말소리를 나타내는 소리글자 즉, 표음문자(表音文字)이지만, 한자는 그림이나 사물의 형상을 본떠서 시각적으로 의미를 전달하는 뜻글자로 표의문자(表意文字)이다. 대부분의 사람들은 한자를 공부하는 데 우선 어렵다고 느껴지겠지만 한자의 기본 원칙인 육서(六書)를 익혀두고, 기본 부수풀이를 익힌다면 한자를 이해하는 데 많은 도움이 될 것이다.

(가) 한자(漢字)의 세 가지 요소
모든 한자는 고유한 모양 '형(形)'과 소리 '음(音)'과 뜻 '의(義)'의 세 가지 요소로 이루어져 있으며, 일반적으로 뜻을 먼저 읽고 나중에 음을 읽는다.

모양	天	地	日	月	山	川
소리	천	지	일	월	산	천
뜻	하늘	땅	해·날	달	메	내

(나) 한자(漢字)를 만든 원리

❶ 상형문자(象形文字) : 구체적인 사물의 모양을 본떠 만든 것.
   (예 : ☉ → 日 , → 山 , → 川)
   日 : 해의 모양을 본뜬 글자로 '해'를 뜻한다.

❷ 지사문자(指事文字) : 그 추상적인 뜻을 점이나 선으로 표시하여 발전한 글자.
   (예 : 上, 下, 一, 二, 三)

❸ 회의 문자(會意文字) : 상형이나 지사의 원리에 의하여 두 글자의 뜻을 합쳐 결합하여 새로운 뜻을 나타내는 글자.
   (예 : 日 + 月 → 明, 田 + 力 → 男)

❹ 형성문자(形聲文字) : 상형이나 지사문자들을 서로 결합하여 뜻 부분과 음 부분 나타내도록 만든 글자.
(예 : 工 + 力 → 功)
❺ 전주문자(轉注文字) : 이미 만들어진 글자를 최대한으로 다른 뜻으로 유추하여 늘어서 쓰는 것.
(예 : 樂 → 풍류 악, 즐거울 락, 좋아할 요 惡 → 악할 악, 미워할 오)
❻ 가차문자(假借文字) : 이미 있는 글자의 뜻에 관계 없이 음이나 형태를 빌어다 쓰는 글자.
(예 : 自 → 처음에는 코(鼻 : 코 비)라는 글자였으나 그음을 빌려서 '자기'라는 뜻으로 사용.

(다) 부수(部首)의 위치와 명칭

❶ 머리(冠) · 두(頭)
부수가 글자의 위에 있는 것.
대표부수: 亠, 宀, 竹, 艸(艹)

　　宀 갓머리(집면) : 官(벼슬 관)
　　艹(艸) 초두머리(풀초) : 花(꽃 화), 苦(쓸 고)

❷ 변(邊)
부수가 글자의 왼쪽에 있는 것.
대표부수: 人(亻), 彳, 心(忄), 手(扌), 木, 水(氵), 石

　　亻(人) 사람인변 : 仁(어질 인), 代(대신 대)
　　禾 벼화변 : 科(과목 과), 秋(가을 추)

❸ 발 · 다리(脚)
부수가 글자의 아래에 있는 것.
대표부수: 儿, 火(灬), 皿

　　儿 어진사람인 : 兄(형 형), 光(빛 광)
　　灬(火) 연화발(불화) : 烈(매울 열), 無(없을 무)

❹ 방(傍)
부수가 글자의 오른쪽에 있는 것.
대표부수: 刀(刂), 攴(攵), 欠, 見, 邑(阝)

　　刂(刀) 선칼도방 : 刻(새길 각), 刑(형벌 형)
　　阝(邑) 우부방 : 郡(고을 군), 邦(나라 방)

❺ 엄(广)

부수가 글자의 위에서 왼쪽으로 덮여 있는 것.
대표부수: 厂, 广, 疒, 虍

　　广 엄호(집엄) : 序(차례 서), 度(법도 도)
　　尸(주검시) : 居(살 거), 局(판 국)

❻ 받침

부수가 왼쪽에서 밑으로 있는 것.
대표부수: 廴, 走, 辵(辶)

　　廴 민책받침(길게걸을인) : 廷(조정 정), 建(세울 건)
　　辶(辵) 책받침(쉬엄쉬엄갈착) : 近(가까울 근), 追(따를 추)

❼ 몸

부수가 글자를 에워싸고 있는 것.
대표부수: 凵, 口, 門

　　凵 위튼입구몸(입벌릴감) : 凶(흉할 흉), 出(날 출)

　　匸 감출혜 : 匹(짝 필), 區(구분할 구)
　　匚 튼입구몸(상자방) : 匠(장인 장), 匣(갑 갑)

　　門 문문 : 開(열 개), 間(사이 간)

　　口 큰입구몸(에운담) :
　　四(넉 사), 困(곤할 곤), 國(나라 국)

❽ 제부수

부수가 그대로 한 글자를 구성한다.

　　木(나무목) : 本(근본 본), 末(끝 말)
　　車(수레거) : 軍(군사 군), 較(비교할 교)
　　馬(말마) : 驛(역마 역), 騎(말탈 기)

한자 쓰기의 기본 원칙

1. 위에서 아래로 쓴다.

위를 먼저 쓰고 아래는 나중에

工(장인 공) → 一 T 工, 三(석 삼) → 一 二 三

2. 왼쪽에서 오른쪽으로 쓴다.

왼쪽을 먼저, 오른쪽을 나중에

川(내 천) → 丿 丿 川, 江(강 강) → ` ` ` 氵 氵 江 江

3. 가로획과 세로획이 겹칠 때에는 가로획을 먼저 쓴다.

木(나무 목) → 一 十 才 木
吉(길할 길) → 一 十 土 吉 吉 吉

4. 삐침과 파임이 만날 때에는 삐침을 먼저 쓴다.

人(사람 인) → 丿 人
文(글월 문) → ` 一 ナ 文

5. 좌우가 대칭될 때에는 가운데를 먼저 쓴다.

小(작을 소) → 亅 小 小
水(물 수) → 亅 水 水 水

6. 둘러싼 모양으로 된 자는 바깥쪽을 먼저 쓴다.

同(같을 동) → 丨 冂 冂 同 同 同
固(굳을 고) → 冂 冂 冂 周 周 固

7. 글자 전체를 꿰뚫는 획은 나중에 쓴다.

中(가운데 중) → 丨 口 口 中
事(일 사) → 一 口 口 写 写 事

8. 글자를 가로지르는 획은 나중에 긋는다.
女(계집 여) → く 夕 女
丹(붉을 단) → ノ 刀 刀 丹

9. 오른쪽 위에 점이 있는 글자는 그 점을 나중에 찍는다.
犬(개 견) → 一 ナ 大 犬
伐(칠 벌) → ノ 亻 仁 代 伐 伐

10. 세로획을 먼저 쓴다.
세로획을 먼저 쓰는 경우 由(말미암을 유) → 丨 冂 冂 由 由
둘러싸여 있지 않을 경우 王(임금 왕) → 一 丅 干 王

11. 가로획과 왼쪽 삐침일 경우, 가로획을 먼저 쓴다.
가로획을 먼저 쓸 경우 左(왼 좌) → 一 ナ 누 ナ 左
삐침을 먼저 쓰는 경우 右(오른 우) → ノ ナ ナ 右 右

12. 책받침(辶·廴)은 나중에 쓴다.
遠(멀 원) → 十 土 吉 幸 袁 遠
建(세울 건) → フ ㅋ 圭 聿 建 建

※ 받침이 있을 때 먼저 쓰는 글자 : 起(일어날 기) 題(제목 제)

영자팔법(永字八法)

영자팔법(永字八法)은 붓글씨를 쓸 때 한자의 글씨 쓰는 법을 가르치는 방법의 하나로 자주 나오는 여덟 가지 획의 종류를 '永(길 영)'자 한자 속에 쓰는 방법이다. 一(측:側)은 윗점, 二(늑:勒)는 가로획, 三(노:努)는 가운데 내리 획, 四(적:趯)는 아래 구부림, 五(책:策)는 짧은 가로획, 六(약:掠)은 오른쪽에서 삐침, 七(탁:啄)은 짧은 오른쪽 삐침, 八(책:磔)은 왼쪽에서 삐침을 설명한 것이다.

* '①~⑤'은 획순이며, '一~八'은 획의 종류 설명이다.

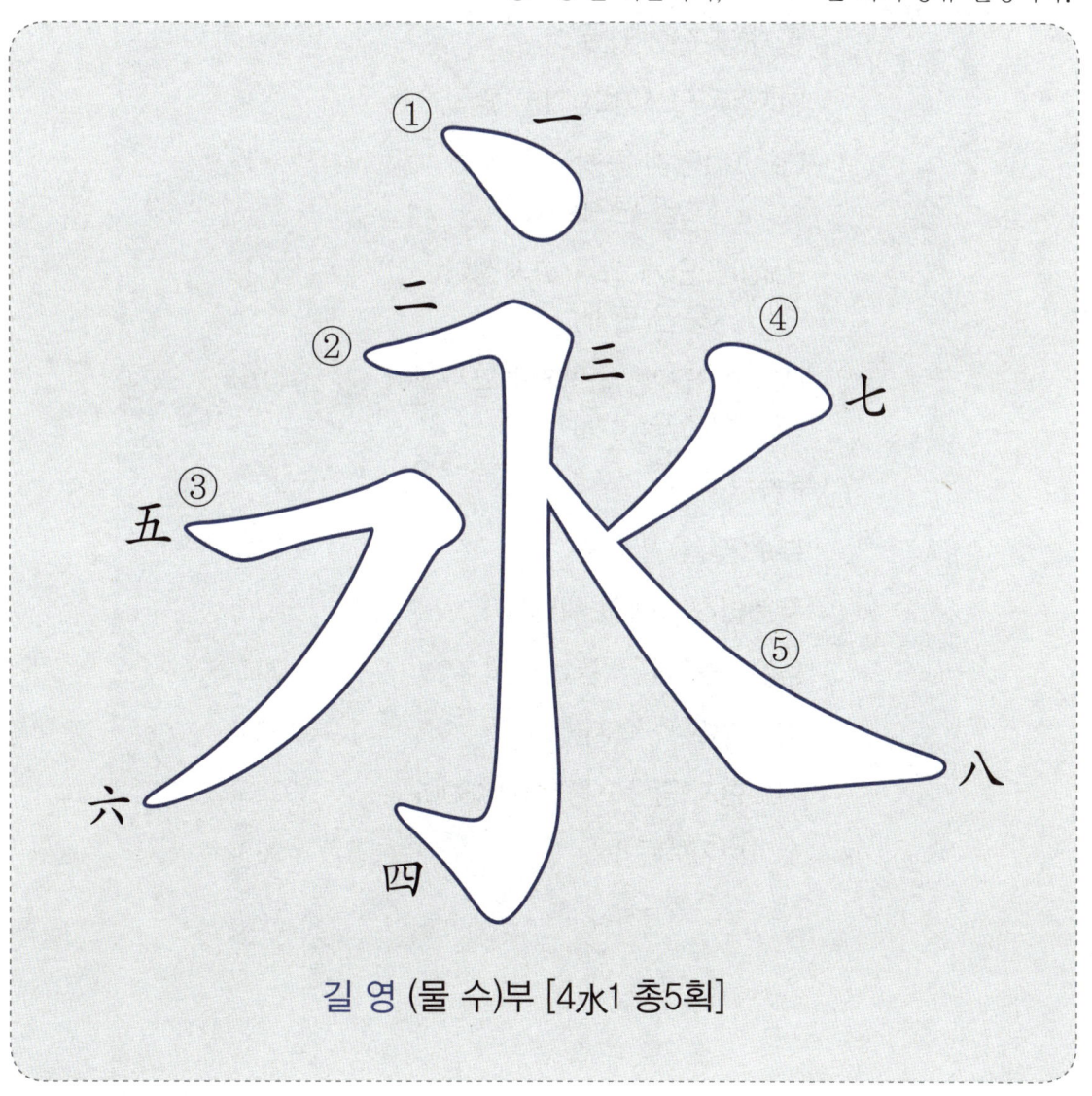

길 영 (물 수)부 [4水1 총5획]

contents

차례

- 머리말 ... 4
- 한자(漢子)에 대하여 ... 6
- 한자(漢子)쓰기의 기본 원칙 ... 9
- Part I 1단계 중학 고사성어 ... 13
  (초급 단계)
- Part II 2단계 고등 고사성어 ... 111
  (중급 단계)
- Part III 3단계 일반대학 고사성어 ... 167
  (고급 단계)

〈부록〉
- 부수(部首) 일람표 ... 212
- 두음법칙(頭音法則) 한자 ... 220
- 동자이음(同字異音) 한자 ... 221
- 약자(略字) · 속자(俗字) ... 224
- 기초한자(중 · 고등학교) 1800자 ... 225
- 찾아보기(색인) ... 233

3단계 중학+고등
고사성어 故事成語 쓰기교본

Part I

1단계

● 중학 고사성어 ●
(초급 단계)

街談巷說　家藏什物　甘言利說
改過遷善　見物生心　孤軍奮鬪
管鮑之交　群鷄一鶴　錦衣還鄉
內憂外患　能小能大　大同小異
馬耳東風　名實相符　知彼知己
白骨難忘　靑山流水　不知其數
粉骨碎身　不俱戴天　因果應報

4II급 家家户户 가가호호

집집마다, 또는 모든 집이라는 뜻으로, 각 집과 각 호(户)를 가리킴. 유 매가(每家), 매호(每户), 가가문전(家家門前)

| 家 집 가 | 家家家家家家家家家 | 영 house 중 家 jiā 일 カ·ケ(いえ) |

| 家 집 가 | 家家家家家家家家家 | 영 house 중 家 jiā 일 カ·ケ(いえ) |

| 户 지게 호 | 户户户户 | 영 door 중 户 hù 일 コ(と) |

| 户 지게 호 | 户户户户 | 영 door 중 户 hù 일 コ(と) |

3급 刻舟求劍 각주구검

검이 물속에 떨어진 자리를 배에 새겨 그 검을 찾으려 한다는 뜻으로, 어리석음을 말함. 유 수주대토(守株待兎), 각선구검(刻船求劍)

| 刻 새길 각 | 刻刻刻刻刻刻刻刻 | 영 carve 중 刻 kè 일 コク(きざむ) |

| 舟 배 주 | 舟舟舟舟舟舟 | 영 ship 중 舟 zhōu 일 シュウ(ふね) |

| 求 구할 구 | 求求求求求求求 | 영 obtain, get 중 求 qiú 일 キユウ(もとめる) |

| 劍(剣) 칼 검 | 劍劍劍劍劍劍劍劍劍劍 | 영 sword 중 剑 jiàn 일 ケン(つるぎ) |

3II급 乾坤一色 건곤일색
눈이 내린 뒤에 세상이 한 가지 빛깔이 되었다는 뜻으로, 천지가 온통 같은 빛깔임을 나타냄.

乾 하늘 건 — 영 heaven 중 乾 qián 일 ケン(てん)

坤 땅 곤 — 영 earth 중 坤 kūn 일 コン(つち)

一 한 일 — 영 one 중 一 yī 일 イチ(ひとつ)

色 빛 색 — 영 color 중 色 sè 일 ショク(いろ)

4II급 建陽多慶 건양다경
새해가 시작됨에 경사스런 일이 많기를 바란다는 뜻으로 입춘 날 좋은 복이 가득하기를 기원.

建 세울 건 — 영 build 중 建 jiàn 일 ケン(たてる)

陽 볕 양 — 영 sunshine 중 阳 yáng 일 ヨウ(ひ)

多 많을 다 — 영 many 중 多 duō 일 タ(おおい)

慶 경사 경 — 영 happy event 중 庆 qìng 일 ケイ(よろこぶ)

1단계 중학교 고사성어 | 15

5급 見利思義 견리사의
눈앞에 이익(利益)이 되는 일을 보면 그것이 옳은 일인지 여부를 먼저 생각한다는 말.

| 見 볼 견 | 見見見見見見見 | 영 see, watch 중 见 jiàn 일 ケン(みる) |

| 利 이로울 리 | 利利利利利利利 | 영 profit 중 利 lì 일 ソ(えきする) |

| 思 생각할 사 | 思思思思思思思思 | 영 think 중 思 sī 일 シ(おもう) |

| 義 옳을 의 | 義義義義義義義義義義義 | 영 righteous 중 义 yì 일 ギ(よし) |

3II급 犬馬之誠 견마지성
개나 말의 정성이란 뜻으로, 윗사람에게 바치는 자기의 노력을 낮추어 이르는 말.

| 犬 개 견 | 犬犬犬犬 | 영 dog 중 犬 quǎn 일 ケン(いぬ) |

| 馬 말 마 | 馬馬馬馬馬馬馬馬馬馬 | 영 horse 중 马 mǎ 일 バ(うま) |

| 之 갈 지 | 之之之之 | 영 go 중 之 zhī 일 シ(ゆく·これ) |

| 誠 정성 성 | 誠誠誠誠誠誠誠誠 | 영 sincere 중 诚 chéng 일 セイ(まこと) |

結者解之 결자해지 〔4급〕

맺은 사람이 풀어야 한다는 뜻으로, 일을 저지른 사람이 그 일을 해결하여야 한다는 말. 참 인과응보(因果應報)

結 맺을 결 — 영 join·tie 중 结 jié 일 ケツ(むすぶ)

者 놈 자 — 영 person, man 중 者 zhě 일 シャ(もの)

解 풀 해 — 영 explain, solve 중 解 jiě 일 解 カイ(とく)

之 갈 지 — 영 go 중 之 zhī 일 シ(ゆく·これ)

結草報恩 결초보은 〔5급〕

풀을 묶어 은혜를 갚는다는 뜻으로, 아비의 혼령이 풀을 묶어 딸의 은인을 궁지에서 구하고 은혜를 갚는다는 말. 유 결초(結草), 각골난망(刻骨難忘)

結 매듭 결 — 영 join·tie 중 结 jié 일 ケツ(むすぶ)

草 풀 초 — 영 grass 중 草 cǎo 일 ソウ(くさ)

報 갚을 보 — 영 repay 중 报 bào 일 ホウ(むくいる)

恩 은혜 은 — 영 favor 중 恩 ēn 일 オン

1단계 중학교 고사성어

4급 鷄卵有骨 계란유골

계란에도 뼈가 있다는 뜻으로, 재수가 없으면 좋은 기회를 만나도 되는 일이 하나도 없다는 말.
㊌ 도둑을 맞으려면 개도 안 짖는다.

| 鷄 (鸡) 닭 계 | 鷄鷄鷄鷄鷄鷄鷄鷄鷄鷄鷄鷄 | 영 cock 중 鸡 jī 일 鶏 ケイ(にわとり) |

| 卵 알 란 | 卵卵卵卵卵卵 | 영 egg 중 卵 luǎn 일 ラン(たまご) |

| 有 있을 유 | 有有有有有有 | 영 exist 중 有 yǒu 일 ユウ(ある) |

| 骨 뼈 골 | 骨骨骨骨骨骨骨骨骨骨 | 영 bone 중 骨 gǔ 일 コツ(ほね) |

4급 苦盡甘來 고진감래

쓴 것이 다하면 달콤함이 온다는 뜻으로, 어려움을 견뎌내면 좋은 일이 생긴다는 말.
㊩ 흥진비래(興盡悲來)

| 苦 괴로울 고 | 苦苦苦苦苦苦苦苦苦 | 영 bitter 중 苦 kǔ 일 ク(くるしい) |

| 盡 (尽) 다할 진 | 盡盡盡盡盡盡盡盡盡盡盡盡盡盡 | 영 exhaust 중 尽 jìn 일 尽 ジン(つまる) |

| 甘 달 감 | 甘甘甘甘甘 | 영 sweet 중 甘 gān 일 カン(あまい) |

| 來 (来) 올 래 | 來來來來來來來來 | 영 come 중 来 lái 일 来 ライ(きたる) |

公平無私 공평무사 _{4급}

공평하게 처리하고 행한다는 뜻으로, 어느 한쪽에 치우치지 않게 바르고 사사로움이 없다는 말.

파 공평무사하다

公 공변 공	公公公公	영 public 중 公 gōng 일 コウ(おおやけ)
平 평평할 평	平平平平平	영 flat·even 중 平 píng 일 ヘイ(たいら)
無 (无) 없을 무	無無無無無無無無無無無無	영 nothing 중 无 wú 일 ム(ない)
私 사사로울 사	私私私私私私私	영 private 중 私 sī 일 シ(わたくし)

過猶不及 과유불급 _{3급}

지나침은 미치지 못함과 같다. 즉 '중용(中庸)'을 가리킴.

過 지나칠 과	過過過過過過過過過過過	영 excess 중 过 guò 일 カ(すぎる)
猶 같을 유	猶猶猶猶猶猶猶猶猶猶	영 same 중 犹 yóu 일 ユウ(なお)
不 아닐 불	不不不不	영 not 중 不 bù 일 フ・ブ
及 미칠 급	及及及及	영 reach 중 及 jí 일 キユウ(およぶ)

2급 管鮑之交 관포지교

춘추 시대 제나라의 관중과 포숙아가 나눈 절친한 사귐이란 뜻으로, 우정이 돈독한 친구를 이르는 말.

㊤ 문경지교(刎頸之交), ㉫ 시도지교(市道之交)

| 管
대롱 관 | 管管管管管管管管管管管 | 영 pipe, manage 중 管 guǎn 일 カン(くだ) |

| 鮑
생선 포 | 鮑鮑鮑鮑鮑鮑鮑鮑鮑鮑鮑鮑 | 영 salted fish 중 鮑 bào 일 ホウ(しおづけ) |

| 之
갈 지 | 之之之之 | 영 go 중 之 zhī 일 シ(ゆく・これ) |

| 交
사귈 교 | 交交交交交交 | 영 associate 중 交 jiāo 일 コウ(まじわる) |

5급 交友以信 교우이신

벗을 믿음으로써 사귀어야 한다는 뜻으로, 세속오계(世俗五戒)의 하나.

| 交
사귈 교 | 交交交交交交 | 영 associate 중 交 jiāo 일 コウ(まじわる) |

| 友
벗 우 | 友友友友 | 영 friend 중 友 yǒu 일 コウ(とも) |

| 以
써 이 | 以以以以以 | 영 by, with 중 已 yǐ 일 イ(もつて) |

| 信
믿을 신 | 信信信信信信信信 | 영 believe, trust 중 信 xìn 일 シン(まこと) |

教學相長 교학상장 [5급]

가르치면서 배우고 배우는 자에게도 가르침을 받는다는 뜻으로, 서로 성장한다는 말.

출전 예기(禮記)

| 教 가르침 교 | 教教教教教教教教教教教 | 영 teach 중 教 jiào, jiāo 일 教 キョウ(おしえる) |

| 學 [学] 배울 학 | 學學學學學學學學學學學學學學學學 | 영 learn 중 学 xué 일 学 ガク(まなぶ) |

| 相 서로 상 | 相相相相相相相相相 | 영 mutually 중 相 xiàng 일 ショウ(あい) |

| 長 긴 장 | 長長長長長長長長 | 영 long 중 长 cháng 일 チョウ(ながい) |

句句節節 구구절절 [5급]

모든 구절마다라는 뜻으로, 말이나 글 따위의 전부를 가리킴.

⑪ 구절구절(句節句節)

| 句 글귀 구 | 句句句句句 | 영 phrase 중 句 jù 일 ク |

| 句 글귀 구 | 句句句句句 | 영 phrase 중 句 jù 일 ク |

| 節 [节] 마디 절 | 節節節節節節節節節節節節 | 영 joint 중 节 jié 일 セツ(ふし) |

| 節 [节] 마디 절 | 節節節節節節節節節節節節 | 영 joint 중 节 jié 일 セツ(ふし) |

1단계 중학교 고사성어 | 21

4II급 九死一生 구사일생

아홉 번 죽어 한 번 살아난다는 뜻으로, 죽을 고비를 여러 번 넘기고 간신히 살아난다는 말.
㉠ 십생구사(十生九死), 백사일생(百死一生)

| 九 아홉 구 | 九九 九 九 九 九 九 | 영 nine 중 九 jiǔ 일 キユウ·ク(ここのつ) |

| 死 죽을 사 | 死死死死死死 死 死 死 死 死 | 영 die 중 死 sǐ 일 シ(しぬ) |

| 一 한 일 | 一 一 一 一 一 一 | 영 one 중 一 yī 일 イチ(ひとつ) |

| 生 날 생 | 生生生生生 生 生 生 生 生 | 영 born 중 生 shēng 일 セイ(なま) |

3급 群鷄一鶴 군계일학

닭 무리 중에 섞여 있는 한 마리 학이라는 뜻으로, 여러 평범한 사람들 가운데 뛰어난 한 사람을 일컫는 말.
㉠ 계군일학(鷄群一鶴), 계군고학(鷄群孤鶴)

| 群 무리 군 | 群群群群群群群群群群群群群 群 群 群 群 群 | 영 crowd 중 群 qún 일 グン(むら) |

| 鷄 닭 계 | 鷄鷄鷄鷄鷄鷄鷄鷄鷄鷄鷄 鷄 鷄 鷄 鷄 鷄 | 영 cock 중 鸡 jī 일 鶏 ケイ(にわとり) |

| 一 한 일 | 一 一 一 一 一 一 | 영 one 중 一 yī 일 イチ(ひとつ) |

| 鶴 학 학 | 鶴鶴鶴鶴鶴鶴鶴鶴鶴鶴鶴 鶴 鶴 鶴 鶴 鶴 | 영 crane 중 鹤 hè 일 カク(つる) |

君臣有義 군신유의 [4급]

오륜의 하나로 임금과 신하의 도리는 의리에 있음을 가리킴.

君 임금 군 — 영 king 중 君 jūn 일 クン(きみ)

臣 신하 신 — 영 minister 중 臣 shén 일 シン(たみ)

有 있을 유 — 영 exist 중 有 yǒu 일 ユウ(ある)

義 옳을 의 — 영 righteous 중 义 yì 일 ギ(よし)

君爲臣綱 군위신강 [3급]

임금은 신하의 벼리(중심체)라는 뜻으로, 신하는 임금을 섬기는 것이 근본이라는 말.
⊕ 부위자강(父爲子綱)

君 임금 군 — 영 king 중 君 jūn 일 クン(きみ)

爲 (為) 할 위 — 영 do 중 为 wèi 일 為 イ(なす・ため)

臣 신하 신 — 영 minister 중 臣 shén 일 シン(たみ)

綱 벼리 강 — 영 outline 중 纲 gāng 일 コウ(つな)

1단계 중학교 고사성어 | 23

2급 勸善懲惡 권선징악

선을 권하고 악을 벌한다는 뜻으로, 착한 행실을 널리 권장하고 악한 행실을 벌준다는 말.

유 권징(勸懲), 창선징악(彰善懲惡)

勸 권할 권	영 advise 중 劝 quàn 일 勧 カン(すすめる)
善 착할 선	영 good 중 善 shàn 일 ゼン(よい)
懲 혼날 징	영 punish 중 惩 chéng 일 チョウ(こらす)
惡 악할 악	영 bad 중 恶 è 일 悪 アク(わるい)

3급 金蘭之交 금란지교

금처럼 견고하고 난초처럼 향기로운 사귐이라는 뜻으로, 굳게 맺은 우정을 가리킴.

유 금란지계(金蘭之契), 지란지교(芝蘭之交)

金 쇠 금	영 gold 중 金 jīn 일 キン(かな)
蘭 난초 란	영 orchid 중 兰 lán 일 ラン(あららぎ)
之 갈 지	영 go 중 之 zhī 일 シ(ゆく·これ)
交 사귈 교	영 associate 중 交 jiāo 일 コウ(まじわる)

今昔之感 금석지감 [3II급]

지금과 옛날을 비교해 생각할 때, 그 차이가 심함을 보고 느껴지는 감정.

| 今 이제 금 | 今今今今 | 영 now 중 今 jīn 일 キン(いま) |

| 昔 옛 석 | 昔昔昔昔昔昔昔昔 | 영 old 중 昔 xī 일 セキ(むかし) |

| 之 갈 지 | 之之之之 | 영 go 중 之 zhī 일 シ(ゆく·これ) |

| 感 느낄 감 | 感感感感感感感感感感感感 | 영 emotion, feel 중 感 gǎn 일 カン(かんずる) |

金石之交 금석지교 [4급]

쇠와 돌의 사귐이라는 뜻으로, 쇠와 돌처럼 변함없는 굳은 사귐을 말함.
유 단금지교(斷金之交), 금란지계(金蘭之契)

| 金 쇠 금 | 金金金金金金金金 | 영 gold 중 金 jīn 일 キン(かな) |

| 石 돌 석 | 石石石石石 | 영 stone 중 石 shí 일 セキ(いし) |

| 之 갈 지 | 之之之之 | 영 go 중 之 zhī 일 シ(ゆく·これ) |

| 交 사귈 교 | 交交交交交交 | 영 associate 중 交 jiāo 일 コウ(まじわる) |

4급 金枝玉葉 금지옥엽

황금빛 나뭇가지와 옥빛 나는 잎사귀라는 뜻으로, 임금의 자손이나 집안, 귀여운 자식. 또는 아름답고 상서로운 구름을 비유하는 말.
유 경지옥엽(瓊枝玉葉)

金 쇠 금	金金金金金金金金	영 gold 중 金 jīn 일 キン(かな)
	金 金 金 金 金	

枝 가지 지	枝枝枝枝枝枝枝枝	영 branch 중 枝 zhī 일 シ(えだ)
	枝 枝 枝 枝 枝	

玉 구슬 옥	玉玉玉玉玉	영 gem, jewel 중 玉 yù 일 ギョク(たま)
	玉 玉 玉 玉 玉	

葉 잎사귀 엽	葉葉葉葉葉葉葉葉葉葉	영 leaf 중 叶 yè 일 ヨウ(は)
	葉 葉 葉 葉 葉	

4II급 起死回生 기사회생

죽음에서 삶을 회복한다는 뜻으로, 절망적인 상태에서 다시 살아난다는 말.
유 구사일생(九死一生), 백사일생(百死一生)

起 일어날 기	起起起起起起起起起起	영 rise 중 起 qǐ 일 キ(おきる)
	起 起 起 起 起	

死 죽을 사	死死死死死死	영 die 중 死 sǐ 일 シ(しぬ)
	死 死 死 死 死	

回 돌아올 회	回回回回回回	영 return 중 廻 huí 일 カイ·エ(めぐる)
	回 回 回 回 回	

生 날 생	生生生生生	영 born 중 生 shēng 일 セイ(なま)
	生 生 生 生 生	

杞人之憂 기인지우 [4급]

기나라 사람의 근심이라는 뜻으로, 쓸데없는 군걱정.
출전 열자(列子)

杞 나라 이름 기	杞杞杞杞杞杞杞	영 name of country 중 杞 qǐ 일 キ(こぶやなぎ)
人 사람 인	人人	영 person 중 人 rén 일 ジン・ニン(ひと)
之 갈 지	之之之之	영 go 중 之 zhī 일 シ(ゆく・これ)
憂 근심 우	憂憂憂憂憂憂憂憂憂憂憂憂憂憂	영 anxiety 중 忧 yōu 일 ユウ(うれえる)

難兄難弟 난형난제 [4급]

형이라 하기도 어렵고 아우라 하기도 어렵다는 뜻으로, 두 사물이 서로 엇비슷하여 낫고 못함을 가리기 어려움을 뜻함.
윤 백중지간(伯仲之間), 막상막하(莫上莫下)

難 어려울 난	難難難難難難難難難難難難	영 difficult 중 难 nán 일 ナン(むずかしい)
兄 맏 형	兄兄兄兄兄	영 eldest brother 중 兄 xiōng 일 ケイ(あに)
難 어려울 난	難難難難難難難難難難難難	영 difficult 중 难 nán 일 ナン(むずかしい)
弟 아우 제	弟弟弟弟弟弟弟	영 younger brother 중 弟 dì 일 テイ(おとうと)

7급 男女老少 남녀노(로)소

남자와 여자와 늙은이와 젊은이라는 뜻으로, 모든 사람을 가리킴.
㊡ 대소남녀(大小男女)

| 男 사내 남 | 男男男男男男男 | 영 man 중 男 nán 일 ダン(おとこ) |

| 女 달 녀 | 女女女 | 영 female 중 女 nǚ 일 ジョ(おんな) |

| 老 늙을 노(로) | 老老老老老老 | 영 old 중 老 lǎo 일 ロウ(おいる) |

| 少 적을 소 | 少少少少 | 영 few 중 少 shǎo 일 ショウ(すくない) |

5급 多多益善 다다익선

많으면 많을수록 좋다는 뜻으로, 병력을 몇 명이나 지휘할 능력이 있느냐는 한나라 유방의 질문에 장수인 한신이 답한 말.
㊡ 다다익판(多多益辦)

| 多 많을 다 | 多多多多多多 | 영 many 중 多 duō 일 タ(おおい) |

| 多 많을 다 | 多多多多多多 | 영 many 중 多 duō 일 タ(おおい) |

| 益 더할 익 | 益益益益益益益益益益 | 영 increase 중 益 yì 일 エキ(ます) |

| 善 좋을 선 | 善善善善善善善善善善 | 영 good 중 善 shàn 일 ゼン(よい) |

[4급] 單刀直入 단도직입

단칼로 쳐들어간다는 뜻으로, 곧바로 요점이나 본론으로 들어간다는 말.
유 일침견혈(一針見血)

單 홑 단	單 [单]	單單單單單單單單單單	영 single 중 单 dān 일 単 タン(ひとえ)
刀 칼 도		刀刀	영 knife 중 刀 dāo 일 トウ(かたな)
直 곧을 직		直直直直直直直直	영 straight 중 直 zhí 일 チョク(なお)
入 들 입		入入	영 enter 중 入 rù 일 ニュウ(いる)

[1급] 大器晚成 대기만성

큰 그릇은 늦게 만들어진다는 뜻으로, 크게 될 사람은 늦게 성공한다는 말. 과거에 낙방한 선비를 위로하는 말.
유 대기난성(大器難成), 대재만성(大才晚成)

大 큰 대	大大大	영 big 중 大 dà 일 タイ(おおきい)
器 그릇 기	器器器器器器器器器器	영 vessel 중 器 qì 일 キ(うつわ)
晚 늦을 만	晚晚晚晚晚晚晚晚晚晚	영 late 중 晚 wǎn 일 バン(おくれる)
成 이룰 성	成成成成成成	영 accomplish 중 成 chéng 일 セイ(なる)

5급 讀書亡羊 독서망양
책을 읽다가 양을 잃었다는 뜻으로, 다른 일에 정신이 팔려 중요한 일을 소홀히 함.

讀 (读) 읽을 독	讀讀讀讀讀讀讀讀讀讀讀讀讀 讀 讀 讀 讀 讀	영 read 중 读 dú 일 読 ドク(よむ)
書 글 서	書書書書書書書書書書 書 書 書 書 書	영 write, book 중 书 shū 일 ショ(ふみ)
亡 망할 망	亡亡亡 亡 亡 亡 亡 亡	영 be ruined 중 亡 wáng 일 ボウ(ほろぶ)
羊 양 양	羊羊羊羊羊羊 羊 羊 羊 羊 羊	영 sheep 중 羊 yáng 일 ヨウ(ひつじ)

5급 冬去春來 동거춘래
겨울이 가고 봄이 온다는 뜻으로 고생 끝에 낙이 온다.

冬 겨울 동	冬冬冬冬冬 冬 冬 冬 冬 冬	영 winter 중 冬 dōng 일 トウ(ふゆ)
去 갈 거	去去去去去 去 去 去 去 去	영 leave 중 去 qù 일 キョ·コ(さる)
春 봄 춘	春春春春春春春春春 春 春 春 春 春	영 spring 중 春 chūn 일 シュン(はる)
來 (来) 올 래	來來來來來來來來 來 來 來 來 來	영 come 중 来 lái 일 来 ライ(きたる)

東問西答 동문서답 [6급]

동을 물었는데 서를 답한다는 뜻으로, 묻는 내용과는 전혀 관련이 없는 엉뚱한 대답을 하는 것을 말함.

㊌ 문동답서(問東答西)

東 동녘 동	東東東東東東東東	영 east 중 东 dōng 일 トウ(ひがし)
問 물을 문	問問問問問問問問問問	영 ask 중 问 wèn 일 モン(とう)
西 서녘 서	西西西西西西	영 west 중 西 xī 일 セイ(にし)
答 답할 답	答答答答答答答答答答答	영 answer 중 答 dá 일 トウ(こたえる)

燈下不明 등하불명 [4II급]

등잔 밑이 어둡다는 뜻으로, 가까이 있는 것을 찾기가 오히려 힘들거나 남의 일은 잘 알아도 제 일은 모른다는 말.

㊌ 등대부자조(燈臺不自照)

燈(灯) 등잔 등	燈燈燈燈燈燈燈燈燈燈燈燈	영 lamp 중 灯 dēng 일 灯 トウ(ひ)
下 아래 하	下下下	영 below 중 下 xià 일 カ(した)
不 아닐 불	不不不不	영 not 중 不 bù 일 フ・ブ
明 밝을 명	明明明明明明明明	영 light 중 明 míng 일 メイ(あかり)

1단계 중학교 고사성어 | **31**

| 4II급 | 燈火可親 **등화가친** | 등잔불을 가까이 한다는 뜻으로, 등불을 가까이 하여 글 읽기에 아주 좋다는 말.
㊤ 추고마비(秋高馬肥), 천고마비(天高馬肥) |

| 燈
등잔 등 (灯) | 燈燈燈燈燈燈燈燈燈燈燈燈
燈 燈 燈 燈 燈 | 영 lamp 중 灯 dēng 일 灯 トウ(ひ) |

| 火
불 화 | 火火火火
火 火 火 火 火 | 영 fire 중 火 huǒ 일 カ(ひ) |

| 可
옳을 가 | 可可可可可
可 可 可 可 可 | 영 right 중 可 kě 일 カ(よい) |

| 親
친할 친 | 親親親親親親親親親親親
親 親 親 親 親 | 영 friendly 중 亲 qīn 일 シン(おや·したしい) |

| 4II급 | 馬耳東風 **마이동풍** | 말 귀에 부는 동풍이라는 뜻으로, 따뜻한 봄바람이 귀에 불어와도 말은 그것을 알지 못한다는 말.
㊤ 우이독경(牛耳讀經), 오불관언(吾不關焉) |

| 馬
말 마 | 馬馬馬馬馬馬馬馬馬馬
馬 馬 馬 馬 馬 | 영 horse 중 马 mǎ 일 バ(うま) |

| 耳
귀 이 | 耳耳耳耳耳耳
耳 耳 耳 耳 耳 | 영 ear 중 耳 ěr 일 ジ(みみ) |

| 東
동쪽 동 | 東東東東東東東東
東 東 東 東 東 | 영 east 중 东 dōng 일 トウ(ひがし) |

| 風
바람 풍 | 風風風風風風風風風
風 風 風 風 風 | 영 wind 중 风 fēng 일 フウ(かぜ) |

莫逆之友 막역지우 [3II급]

마음이 맞아 서로 거스리는 일이 없다는 뜻으로, 생사를 같이할 수 있는 친밀한 벗을 말함.

| 莫 없을 막 | 莫莫莫莫莫莫莫莫莫莫 | 영 not 중 莫 mò 일 バク(ない) |

| 逆 거스를 역 | 逆逆逆逆逆逆逆逆逆逆 | 영 oppose 중 逆 nì 일 ゲキ(さからう) |

| 之 갈 지 | 之之之之 | 영 go 중 之 zhī 일 シ(ゆく·これ) |

| 友 벗 우 | 友友友友 | 영 friend 중 友 yǒu 일 コウ(とも) |

望雲之情 망운지정 [4급]

멀리 구름을 바라보는 정이라는 뜻으로, 구름을 바라보며 타향에서 어버이를 그리워하는 정을 말함.

유 망운지회(望雲之懷), 백운고비(白雲孤飛)

| 望 바랄 망 | 望望望望望望望望望望 | 영 hope 중 望 wàng 일 ボウ(のぞむ) |

| 雲 구름 운 | 雲雲雲雲雲雲雲雲雲雲雲 | 영 cloud 중 云 yún 일 ウン(くも) |

| 之 갈 지 | 之之之之 | 영 go 중 之 zhī 일 シ(ゆく·これ) |

| 情 뜻 정 | 情情情情情情情情情 | 영 affection 중 情 qíng 일 ジョウ(なさけ) |

1단계 중학교 고사성어 | 33

亡子計齒 망자계치 [3II급]

죽은 자식의 나이를 세어본다는 뜻으로, 이미 지나간 쓸데없는 일을 생각하고 애석하게 생각한다는 말.

한자	훈음	영	중	일
亡	망할 망	be ruined	亡 wáng	ボウ(ほろぶ)
子	아들 자	son	子 zǐ, zi	シ(むすこ)
計	셈할 계	count	计 jì	ケイ(はかる)
齒	이 치	tooth	齿 chǐ	歯 シ(は)

梅蘭菊竹 매란국죽 [3II급]

매화와 난초와 국화와 대나무라는 뜻으로, 사군자(四君子)를 가리킴.
유 사군자(四君子)

한자	훈음	영	중	일
梅	매화 매	plum	梅 méi	バイ(うめ)
蘭	난초 란	orchid	兰 lán	ラン(あららぎ)
菊	국화 국	chrysanthemum	菊 jú	キク(きく)
竹	대나무 죽	bamboo	竹 zhú	チク(たけ)

麥秀之嘆 맥수지탄 [3II급]

보리 이삭이 더부룩하게 자란 모습을 한탄한다는 뜻으로, 고국의 멸망을 탄식함을 일컫는 말.

유 망국지탄(亡國之歎), 맥수서유(麥秀黍油)

| 麥 (麦) 보리 맥 | 麥麥麥麥麥麥麥麥麥 | 영 barley 중 麦 mài 일 麦 バク(むぎ) |

| 秀 빼어날 수 | 秀秀秀秀秀秀秀 | 영 surpass 중 秀 xiù 일 シユウ(ひいでる) |

| 之 갈 지 | 之之之之 | 영 go 중 之 zhī 일 シ(ゆく・これ) |

| 嘆 탄식할 탄 | 嘆嘆嘆嘆嘆嘆嘆嘆嘆嘆嘆 | 영 sigh 중 叹 tàn 일 タン(なげく) |

明明白白 명명백백 [6급]

의심의 여지가 없이 매우 뚜렷하다는 뜻으로 명백하다는 말.

참 확고부동(確固不動)

| 明 밝을 명 | 明明明明明明明明 | 영 light 중 明 míng 일 メイ(あかり) |

| 明 밝을 명 | 明明明明明明明明 | 영 light 중 明 míng 일 メイ(あかり) |

| 白 흰 백 | 白白白白白 | 영 white 중 白 bái 일 ハク(しろ) |

| 白 흰 백 | 白白白白白 | 영 white 중 白 bái 일 ハク(しろ) |

[7급] 名山大川 명산대천

이름난 산과 큰 내라는 뜻으로, 경치 좋고 이름난 산천의 자연을 일컫는 말.

참 명산대찰(名山大刹), 금수강산(錦繡江山)

| 名 이름 명 | 名名名名名名 | 영 name 중 名 míng 일 メイ(な) |

| 山 메 산 | 山山山 | 영 mountain 중 山 shān 일 サン(やま) |

| 大 큰 대 | 大大大 | 영 big 중 大 dà 일 タイ(おおきい) |

| 川 내 천 | 川川川 | 영 stream 중 川 chuān 일 セン(かわ) |

[3II급] 明若觀火 명약관화

불을 보는 것 같이 밝게 보인다는 뜻으로, 더 말할 나위없이 명백하다.

| 明 밝을 명 | 明明明明明明明明 | 영 light 중 明 míng 일 メイ(あかり) |

| 若 같을 약 | 若若若若若若若若若 | 영 same 중 若 ruò 일 ジャク(ごとし) |

| 觀(観) 볼 관 | 觀觀觀觀觀觀觀觀觀觀觀 | 영 observe 중 观 guàn 일 観 カン(みる) |

| 火 불 화 | 火火火火 | 영 fire 중 火 huǒ 일 カ(ひ) |

4급 目不識丁 목불식정

한자 고무래 정(丁)자를 알아보지 못한다는 뜻으로, 글자를 전혀 모르거나 그런 사람을 비유하여 일컫는 말.
㊀ 일자무식(一字無識), 어로불변(魚魯不辨)

| 目 눈 목 | 目目目目目 | 영 eye 중 目 mù 일 モク(め) |

| 不 아닐 불 | 不不不不 | 영 not 중 不 bù 일 フ·ブ |

| 識 알 식 | 識識識識識識識識識識識識 | 영 recognize 중 识 shí 일 シ(しる) |

| 丁 고무래 정 | 丁丁 | 영 rake, adult 중 丁 dīng 일 テイ(ひのと) |

5급 文房四友 문방사우

글방의 네가지 친구라는 뜻으로, 종이, 붓, 벼루, 먹을 가리킴.
㊀ 문방사보(文房四寶), 지필연묵(紙筆硯墨)

| 文 글월 문 | 文文文文 | 영 letter 중 文 wén 일 ブン(もじ) |

| 房 방 방 | 房房房房房房房房 | 영 room 중 房 fáng 일 ボウ(へや) |

| 四 넉 사 | 四四四四四 | 영 four 중 四 sì 일 シ(よ·よつ) |

| 友 벗 우 | 友友友友 | 영 friend 중 友 yǒu 일 コウ(とも) |

5급 聞一知十 문일지십
한 가지를 듣고 열 가지를 미루어 안다는 뜻으로, 매우 총명함을 일컫는 말.

| 聞 들을 문 | 聞聞聞聞聞聞聞聞聞聞聞 | 영 hear 중 闻 wén 일 ブン(きく) |

| 一 한 일 | 一 | 영 one 중 一 yī 일 イチ(ひとつ) |

| 知 알 지 | 知知知知知知知知 | 영 know 중 知 zhī 일 チ(しる) |

| 十 열 십 | 十十 | 영 ten 중 十 shí 일 ジュウ(とお) |

4급 尾生之信 미생지신
너무 고지식해서 융통성이 없다는 뜻으로, 미련하고 우직하게 약속을 지킨다는 말.
㊤ 수주대토(守株待兎), 포주지신(抱柱之信)

| 尾 꼬리 미 | 尾尾尾尾尾尾 | 영 tail 중 尾 wěi 일 ビ(お) |

| 生 날 생 | 生生生生生 | 영 born 중 生 shēng 일 セイ(なま) |

| 之 갈 지 | 之之之之 | 영 go 중 之 zhī 일 シ(ゆく·これ) |

| 信 믿을 신 | 信信信信信信信信 | 영 believe, trust 중 信 xìn 일 シン(まこと) |

反哺之孝 반포지효 [1급]

까마귀 새끼가 자란 뒤에 늙은 어미에게 먹을 것을 물어다 주는 효라는 뜻으로, 자식이 커서 부모를 봉양함을 말함.
유 반의지희(斑衣之戱), 혼정신성(昏定晨省)

反 돌이킬 반	反反反反	영 return 중 反 fǎn 일 ハン(そる)
哺 먹일 포	哺哺哺哺哺哺哺哺哺	영 eat 중 哺 bù 일 ホ(くらう)
之 갈 지	之之之之	영 go 중 之 zhī 일 シ(ゆく·これ)
孝 효도 효	孝孝孝孝孝孝孝	영 filial duty 중 孝 xiào 일 コウ(まこと)

拔本塞源 발본색원 [2급]

뿌리를 뽑고 근원을 막는다는 뜻으로, 잘못된 것의 근본적인 원인을 찾아 뿌리째 없애 버린다는 뜻.
유 전초제근(剪草除根), 삭주굴근(削株堀根)

拔 뽑을 발	拔拔拔拔拔拔拔拔	영 pull out 중 拔 bá 일 バシ(ぬく)
本 근본 본	本本本本本	영 origin 중 本 běn 일 ホン(もと)
塞 막을 색	塞塞塞塞塞塞塞塞塞塞塞塞塞	영 block 중 塞 sài 일 サイ(とりで)
源 근원 원	源源源源源源源源源源源	영 source 중 源 yuán 일 ゲン(みなもと)

2급 蚌鷸之爭 방휼지쟁

조개와 도요새의 다툼이라는 뜻으로, 서로 버티고 물러서지 않고 싸움.

| 蚌 방합 방 | 蚌의 필순 | 영 shellfish 중 蚌 bàng 일 ボウ(どぶがい) |

| 鷸 도요새 휼 | 鷸의 필순 | 영 stork 중 鷸 yù 일 イツ(しぎ) |

| 之 갈 지 | 之의 필순 | 영 go 중 之 zhī 일 シ(ゆく·これ) |

| 爭 다툴 쟁 | 爭의 필순 | 영 fight 중 爭 zhēng 일 ソウ(あらそう) |

3II급 背水之陣 배수지진

물을 등지고 진친다는 뜻으로, 위태한 일을 모험적으로 한다. 또는 최후에 목숨을 걸고 성패(成敗)를 결한다.

| 背 등 배 | 背의 필순 | 영 back 중 背 bèi 일 (そむく) |

| 水 물 수 | 水의 필순 | 영 water 중 水 shuǐ 일 スイ(みず) |

| 之 갈 지 | 之의 필순 | 영 go 중 之 zhī 일 シ(ゆく·これ) |

| 陣 진칠 진 | 陣의 필순 | 영 encampment 중 陣 zhèn 일 チン(たむろ) |

[5급] 百年大計 백년대계

백년에 걸치는 큰 계획이라는 뜻으로, 먼 장래를 내다보고 긴 안목에서 세우는 중요한 계획을 말함.

유 백년지계(百年之計)

| 百 일백 백 | 百百百百百百 | 영 hundred 중 百 bǎi 일 ヒャク(もも) |

| 年 해 년 | 年年年年年年 | 영 year 중 年 nián 일 ネン(とし) |

| 大 큰 대 | 大大大 | 영 big 중 大 dà 일 タイ(おおきい) |

| 計 꾀 계 | 計計計計計計計計計 | 영 count 중 计 jì 일 ケイ(はかる) |

[5급] 百年河淸 백년하청

백년을 기다린다 해도 황하의 물이 맑아지지 않는다는 뜻으로, 아무리 기다려도 바라는 것이 이루어지기 어렵다는 말.

유 하청난사(河淸難俟)

| 百 일백 백 | 百百百百百百 | 영 hundred 중 百 bǎi 일 ヒャク(もも) |

| 年 해 년 | 年年年年年年 | 영 year 중 年 nián 일 ネン(とし) |

| 河 황하 하 | 河河河河河河河河 | 영 river 중 河 hé 일 カ(かわ) |

| 淸 맑을 청 | 淸淸淸淸淸淸淸淸淸淸 | 영 clear 중 清 qīng 일 セイ(きよい) |

1단계 중학교 고사성어 | 41

步武堂堂 보무당당
걸음이 씩씩하고 당당함.

| 步 걸을 보 | 步步步步步步步 | 영 walk 중 步 bù 일 ホ・ブ(あるく) |

| 武 호반 무 | 武武武武武武武武 | 영 military 중 武 wǔ 일 ブ(たけしい) |

| 堂 집 당 | 堂堂堂堂堂堂堂堂堂堂 | 영 house 중 堂 táng 일 ドウ(おもてざしき) |

| 堂 집 당 | 堂堂堂堂堂堂堂堂堂堂 | 영 house 중 堂 táng 일 ドウ(おもてざしき) |

夫婦有別 부부유별
남편과 아내는 구별이 있어야 한다는 뜻으로, 과거 오륜(五倫)의 하나로 엄격한 구별이 있어야 하는 내외 간의 도리를 말함.
참 오륜(五倫)

| 夫 지아비 부 | 夫夫夫夫 | 영 husband 중 夫 fū 일 フ(おっと) |

| 婦 지어미 부 | 婦婦婦婦婦婦婦婦婦婦 | 영 wife 중 妇 fù 일 フ(おんな) |

| 有 있을 유 | 有有有有有有 | 영 exist 중 有 yǒu 일 ユウ(ある) |

| 別 다를 별 | 別別別別別別別 | 영 different 중 別 bié 일 ベツ(わかれる) |

[3급] 夫爲婦綱 부위부강

남편은 아내의 벼리가 된다는 뜻으로, 남편이 아내의 모범이 되어야 한다는 부부간에 관한 유교 도덕의 기본 가치 덕목을 말함.

| 夫 지아비 부 | 夫夫夫夫 | 영 husband 중 夫 fū 일 フ(おっと) |

| 爲 [為] 할 위 | 爲爲爲爲爲爲爲爲爲爲 | 영 do 중 为 wèi 일 為 イ(なす·ため) |

| 婦 지어미 부 | 婦婦婦婦婦婦婦婦婦婦 | 영 wife 중 妇 fù 일 フ(おんな) |

| 綱 벼리 강 | 綱綱綱綱綱綱綱綱綱綱綱綱 | 영 outline 중 纲 gāng 일 コウ(つな) |

[3급] 父爲子綱 부위자강

아버지가 자식의 벼리가 된다는 뜻으로, 아버지가 아들의 모범이 되어야 한다는 부자간에 관한 유교 도덕의 기본 가치 덕목을 말함.

| 父 아비 부 | 父父父父 | 영 father 중 父 fù 일 フ(ちち) |

| 爲 [為] 할 위 | 爲爲爲爲爲爲爲爲爲爲 | 영 do 중 为 wèi 일 為 イ(なす·ため) |

| 子 아들 자 | 子子子 | 영 son 중 子 zǐ, zi 일 シ(むすこ) |

| 綱 벼리 강 | 綱綱綱綱綱綱綱綱綱綱綱綱 | 영 outline 중 纲 gāng 일 コウ(つな) |

6급 父子有親 부자유친

아버지와 자식간에는 친함이 있어야 한다는 뜻으로, 부자간의 도리는 사랑과 공경의 친애함에 있다는 인간의 기본 도리인 오륜(五倫) 중의 하나.

| 父 아비 부 | 父父父父 | 영 father 중 父 fù 일 フ(ちち) |

| 子 자식 자 | 子子子 | 영 son 중 子 zǐ, zi 일 シ(むすこ) |

| 有 있을 유 | 有有有有有有 | 영 exist 중 有 yǒu 일 ユウ(ある) |

| 親 친할 친 | 親親親親親親親親親親 | 영 friendly 중 亲 qīn 일 シン(おや·したしい) |

4급 朋友有信 붕우유신

친구 사이에는 믿음이 있어야 한다는 뜻으로, 인간 사이의 윤리인 오륜(五倫)의 하나.

유 붕우춘회곡(朋友春懷曲)

| 朋 벗 붕 | 朋朋朋朋朋朋朋朋 | 영 friend 중 朋 péng 일 ホウ(とも) |

| 友 벗 우 | 友友友友 | 영 friend 중 友 yǒu 일 コウ(とも) |

| 有 있을 유 | 有有有有有有 | 영 exist 중 有 yǒu 일 ユウ(ある) |

| 信 믿을 신 | 信信信信信信信信 | 영 believe, trust 중 信 xìn 일 シン(まこと) |

[4II급] 非一非再 비일비재

한두 번도 아니고 많다는 뜻으로, 한둘이 아니고 많음을 가리킴.
㈜ 수두룩하다, 흔하다

| 非 아닐 비 | 非非非非非非非非 | 영 not 중 非 fēi 일 ヒ(あらず) |

| 一 한 일 | 一 | 영 one 중 一 yī 일 イチ(ひとつ) |

| 非 아닐 비 | 非非非非非非非非 | 영 not 중 非 fēi 일 ヒ(あらず) |

| 再 두번 재 | 再再再再再再 | 영 twice 중 再 zài 일 サイ(ふたたび) |

[3급] 舍己從人 사기종인

자기의 이전 행위를 버리고 타인의 선행을 본떠 행함.
출전 퇴계집(退溪集)

| 舍 집 사 | 舍舍舍舍舍舍舍舍 | 영 house 중 舍 shě 일 シャ(いえ) |

| 己 자기 기 | 己己己 | 영 self 중 己 jǐ 일 コ・キ(おのれ) |

| 從 (从) 좇을 종 | 從從從從從從從從從從 | 영 obey 중 从 cóng 일 從 ショウ(したがう) |

| 人 사람 인 | 人人 | 영 person 중 人 rén 일 ジン・ニン(ひと) |

1단계 중학교 고사성어 | 45

砂上樓閣 사상누각

[3II급] 모래 위의 누각이라는 뜻으로, 기초가 튼튼하지 못하여 오래 견디지 못할 일이나 물건을 비유하는 헛된 것을 의미함.
유 공중누각(空中樓閣)

砂 모래 사
砂砂砂砂砂砂砂砂
영 sand 중 砂 shā 일 サ(すな)

上 위 상
上上上
영 upper 중 上 shàng 일 ジョウ(うえ)

樓 (楼) 다락 누
樓樓樓樓樓樓樓樓樓樓樓
영 loft 중 楼 lóu 일 楼 ロウ(たかどの)

閣 집 각
閣閣閣閣閣閣閣閣閣閣閣
영 house 중 阁 gé 일 カク(たかどの)

師弟同行 사제동행

[4II급] 스승과 제자가 함께 행동한다는 뜻으로, 스승과 제자가 같이 학문에 힘쓴다는 말.

師 (师) 스승 사
師師師師師師師師
영 teacher 중 师 shī 일 シ(せんせい)

弟 아우 제
弟弟弟弟弟弟弟
영 younger brother 중 弟 dì 일 テイ(おとうと)

同 (仝) 한 가지 동
同同同同同同
영 same 중 同 tóng 일 トウ(おなじ)

行 갈 행
行行行行行行
영 go 중 行 xíng 일 コウ(いく)

事親以孝 사친이효 [6급]

부모 섬기기를 효도로써 한다는 뜻으로, 세속오계(世俗五戒)의 하나.

| 事 일 사 | 事事事事事事事事 | 영 work 중 事 shì 일 ジ(こと) |

| 親 친할 친 | 親親親親親親親親親親親親 | 영 friendly 중 亲 qīn 일 シン(おや・したしい) |

| 以 써 이 | 以以以以以 | 영 by, with 중 已 yǐ 일 イ(もって) |

| 孝 효도 효 | 孝孝孝孝孝孝孝 | 영 filial duty 중 孝 xiào 일 コウ(まこと) |

事必歸正 사필귀정 [4급]

모든 일은 바르게 되돌아간다는 뜻으로, 무릇 모든 일은 결국에 가서는 바르게 시비가 가려지게 된다는 말.
유 사필귀도(事必歸道), 사불범정(邪不犯正)

| 事 일 사 | 事事事事事事事事 | 영 work 중 事 shì 일 ジ(こと) |

| 必 반드시 필 | 必必必必必 | 영 surely 중 必 bì 일 ヒ・ゴ(あう・ちぎる) |

| 歸(帰) 돌아갈 귀 | 歸歸歸歸歸歸歸歸歸歸歸 | 영 return 중 归 guī 일 帰 キ(かえる) |

| 正 바를 정 | 正正正正正 | 영 straight 중 正 zhèng 일 セイ(ただしい) |

1단계 중학교 고사성어

6급 山高水長 산고수장
군자의 덕이 높고 끝없음을 산의 우뚝 솟음과 큰 냇물의 흐름에 비유한 말.

| 山 메 산 | 山山山 | 영 mountain 중 山 shān 일 サン(やま) |

| 高 높을 고 | 高高高高高高高高高 | 영 high 중 高 gāo 일 コウ(たかい) |

| 水 물 수 | 水水水水 | 영 water 중 水 shuǐ 일 スイ(みず) |

| 長 길 장 | 長長長長長長長長 | 영 long 중 长 cháng 일 チョウ(ながい) |

4급 殺身成仁 살신성인
자신을 죽여서라도 인(仁)을 이룬다는 뜻으로, 바른 일을 위해 자기를 희생한다는 말.
유 살신입절(殺身立節), 사생취의(捨生取義)

| 殺 죽일 살 | 殺殺殺殺殺殺殺殺殺殺殺 | 영 kill 중 杀 shā 일 サツ(ころす) |

| 身 몸 신 | 身身身身身身身 | 영 body 중 身 shēn 일 シン(み) |

| 成 이룰 성 | 成成成成成成成 | 영 accomplish 중 成 chéng 일 セイ(なる) |

| 仁 어질 인 | 仁仁仁仁 | 영 humanity 중 仁 rén 일 ジン(いつくしみ) |

三馬太守 삼마태수 [4II급]

세 마리의 말만 거느린 태수의 뜻으로 조선 중종 때 송흠이 행차 때 겨우 말 세 필만 거느렸다고 하는 데서 나온 말.

三 석 삼 — 영 three 중 三 sān 일 サン(みっつ)

馬 말 마 — 영 horse 중 马 mǎ 일 バ(うま)

太 클 태 — 영 great 중 太 tài 일 タ(ふとい)

守 지킬 수 — 영 keep 중 守 shǒu 일 シュ(まもる)

三三五五 삼삼오오 [8급]

셋씩 또는 다섯씩이라는 뜻으로, 사람들이 무리지어 다니거나 무슨 일을 하는 모양을 일컫는 말.
윤 삼오삼오(三五三五)

三 석 삼 — 영 three 중 三 sān 일 サン(みっつ)

三 석 삼 — 영 three 중 三 sān 일 サン(みっつ)

五 다섯 오 — 영 five 중 五 wǔ 일 ゴ(いつつ)

五 다섯 오 — 영 five 중 五 wǔ 일 ゴ(いつつ)

4급 三人成虎 삼인성호

세 사람이 하는 똑같은 말이면 호랑이도 만든다는 뜻으로, 근거 없는 말도 여러 사람이 같은 말을 하면 사실로 된다는 말.
⊕ 삼인성시호(三人成市虎)

三 석 삼	三 三 三					영 three 중 三 sān 일 サン(みっつ)
人 사람 인	人 人					영 person 중 人 rén 일 ジン·ニン(ひと)
成 이룰 성	成 成 成 成 成 成 成					영 accomplish 중 成 chéng 일 セイ(なる)
虎 범 호	虎 虎 虎 虎 虎 虎 虎 虎					영 tiger 중 虎 hǔ 일 コ(とら)

7급 三日天下 삼일천하

사흘 동안 천하를 얻는다는 뜻으로, 아주 짧은 기간 동안 정권을 잡았다가 무너짐을 가리킴.
⊕ 오일경조(五日京兆), 백일천하(百日天下)

三 석 삼	三 三 三					영 three 중 三 sān 일 サン(みっつ)
日 날 일	日 日 日 日					영 day, sun 중 日 rì 일 ジツ·ニチ(ひ)
天 하늘 천	天 天 天 天					영 heaven 중 天 tiān 일 テン(そら)
下 아래 하	下 下 下					영 below 중 下 xià 일 カ(した)

三尺童子 삼척동자 [3II급]

키가 석 자밖에 안 되는 아이라는 뜻으로, 철부지 어린 아이를 일컫는 말.

| 三 석 삼 | 三 三 三 | 영 three 중 三 sān 일 サン(みっつ) |

| 尺 자 척 | 尺 尺 尺 尺 | 영 ruler 중 尺 chǐ 일 シャク(ものさし) |

| 童 아이 동 | 童 童 童 童 童 童 童 童 童 童 童 童 | 영 child 중 童 tóng 일 ドウ(わらべ) |

| 子 아들 자 | 子 子 子 | 영 son 중 子 zǐ, zi 일 シ(むすこ) |

三遷之敎 삼천지교 [3II급]

세 번 이사하여 가르쳤다는 뜻으로, 맹자의 어머니가 아들의 교육을 위해 세 번 이사를 함을 말함.

유 맹모삼천(孟母三遷), 단기지교(斷機之敎)

| 三 석 삼 | 三 三 三 | 영 three 중 三 sān 일 サン(みっつ) |

| 遷 (迁) 옮길 천 | 遷 遷 遷 遷 遷 遷 遷 遷 遷 遷 遷 | 영 move 중 迁 qiān 일 セン(うつる) |

| 之 갈 지 | 之 之 之 之 | 영 go 중 之 zhī 일 シ(ゆく·これ) |

| 敎 가르칠 교 | 敎 敎 敎 敎 敎 敎 敎 敎 敎 | 영 teach 중 教 jiào, jiāo 일 教 キョウ(おしえる) |

2급 塞翁之馬 새옹지마

변방 늙은이의 말이라는 뜻으로, 길흉화복이 시시각각으로 변화함을 가리킴.

㊠ 전화위복(轉禍爲福), 새옹마(塞翁馬)

| 塞 변방 새 | 塞塞塞塞塞塞塞塞塞塞塞塞塞 | 영 block 중 塞 sài 일 サイ(とりで) |

| 翁 늙은이 옹 | 翁翁翁翁翁翁翁翁翁翁 | 영 old man 중 翁 wēng 일 オウ(おきな) |

| 之 갈 지 | 之之之之 | 영 go 중 之 zhī 일 シ(ゆく・これ) |

| 馬 말 마 | 馬馬馬馬馬馬馬馬馬馬 | 영 horse 중 马 mǎ 일 バ(うま) |

4급 先見之明 선견지명

앞을 내다보는 안목이란 뜻으로 닥쳐올 일을 미리 아는 슬기로움을 말함.

㊠ 독견지명(獨見之明)

| 先 먼저 선 | 先先先先先先 | 영 first 중 先 xiān 일 セン(さき) |

| 見 볼 견 | 見見見見見見見 | 영 see, watch 중 见 jiàn 일 ケン(みる) |

| 之 갈 지 | 之之之之 | 영 go 중 之 zhī 일 シ(ゆく・これ) |

| 明 밝을 명 | 明明明明明明明明 | 영 light 중 明 míng 일 メイ(あかり) |

4급 先公後私 선공후사

공공의 일과 이익을 앞세우고 개인의 일과 이익은 나중으로 돌린다는 뜻.
⊕ 지공무사(至公無私)

先 먼저 선
先先先先先先
영 first 중 先 xiān 일 セン(さき)

公 공평할 공
公公公公
영 public 중 公 gōng 일 コウ(おおやけ)

後 뒤 후
後後後後後後後後
영 back 중 后 hòu 일 コウ(あと)

私 개인 사
私私私私私私
영 private 중 私 sī 일 シ(わたくし)

3II급 雪膚花容 설부화용

눈처럼 흰 살결과 꽃같이 예쁜 얼굴이라는 뜻으로, 아름다운 여인의 모습을 비유하는 말.

雪 눈 설
雪雪雪雪雪雪雪雪雪雪雪
영 snow 중 雪 xuě 일 セツ(ゆき)

膚(肤) 살갗 부
膚膚膚膚膚膚膚膚膚膚膚
영 skin 중 肤 fū 일 フ(はだ)

花 꽃 화
花花花花花花花花
영 flower 중 花 huā 일 カ(はな)

容 얼굴 용
容容容容容容容容容
영 face 중 容 róng 일 ヨウ(かたち)

1단계 중학교 고사성어

4급 雪上加霜 설상가상

눈 위에 서리가 더해진다는 뜻으로, 어려운 일이나 상황이 거듭해서 발생함을 말함.
㊀ 설상가설(雪上加雪), ㊁ 금상첨화(錦上添花)

雪 눈 설	영 snow	중 雪 xuě	일 セツ(ゆき)
上 위 상	영 upper	중 上 shàng	일 ジョウ(うえ)
加 더할 가	영 add	중 加 jiā	일 カ(くわえる)
霜 서리 상	영 frost	중 霜 shuāng	일 ソウ(しも)

4급 送舊迎新 송구영신

옛 것을 보내고 새 것을 맞이한다는 뜻으로, 묵은 해를 보내고 새 해를 맞음. 또는 전임자를 보내고 신임자를 맞는다는 뜻.
㊀ 송고영신(送故迎新), 송영(送迎)

送 보낼 송	영 send	중 送 sòng	일 ソウ(おくる)
舊(旧) 옛 구	영 old	중 旧 jiù	일 旧 キコウ(ふるい)
迎 맞을 영	영 welcome	중 迎 yíng	일 ゲイ(むかえる)
新 새 신	영 new	중 新 xīn	일 シン(あたらしい)

手不釋卷 수불석권 [3급]

책을 손에서 떼지 않는다는 뜻으로, 부지런히 학문에 힘쓴다는 의미. 즉 책을 늘 가까이 한다는 말.
㉠ 수불폐권(手不廢卷), 독서삼매(讀書三昧)

手 손 수	手手手手	영 hand 중 手 shǒu 일 シュ(て)
不 아닐 불	不不不不	영 not 중 不 bù 일 フ·ブ
釋 (釈) 풀 석	釋釋釋釋釋釋釋釋釋釋釋	영 release 중 释 shì 일 釈 シャク
卷 책 권	卷卷卷卷卷卷卷卷	영 book 중 卷 Juàn 일 カン·ケン(まき)

水魚之交 수어지교 [3II급]

물과 물고기의 사귐뜻으로, 임금과 신하 사이의 두터운 교분. 부부의 친밀함.
㉢ 魚水之親(어수지친), 猶魚有水(유어유수) ㉠ 風雲之會(풍운지회)

水 물 수	水水水水	영 water 중 水 shuǐ 일 スイ(みず)
魚 물고기 어	魚魚魚魚魚魚魚魚魚魚魚	영 fish 중 鱼 yú 일 ギョ(さかな)
之 갈 지	之之之之	영 go 중 之 zhī 일 シ(ゆく·これ)
交 사귈 교	交交交交交交	영 associate 중 交 jiāo 일 コウ(まじわる)

1단계 중학교 고사성어 | 55

守株待兎 수주대토 [2급]

그루터기를 지켜 토끼를 기다린다는 뜻으로, 융통성 없이 옛 관습만 따진다는 말.
유 각주구검(刻舟求劍), 미생지신(尾生之信)

守 지킬 수	守守守守守守	영 keep 중 守 shǒu 일 シュ(まもる)
株 그루터기 주	株株株株株株株株株株	영 stump 중 株 zhū 일 シュ(かぶ)
待 기다릴 대	待待待待待待待待	영 wait 중 待 dài 일 タイ(まつ)
兎 토끼 토	兎兎兎兎兎兎兎兎	영 rabbit 중 兎 tǔ 일 ト(うさぎ)

脣亡齒寒 순망치한 [3급]

입술을 잃으면 이가 시리다는 뜻으로, 가까운 사이의 한쪽이 망하면 다른 한쪽도 그 영향을 받아 온전치 못함을 말함.
유 순치지국(脣齒之國), 거지양륜(車之兩輪)

脣 입술 순	脣脣脣脣脣脣脣脣脣脣	영 lips 중 唇 chún 일 シユン
亡 잃을 망	亡亡亡	영 be ruined 중 亡 wáng 일 ボウ(ほろぶ)
齒 [齿] 이 치	齒齒齒齒齒齒齒齒齒齒齒	영 tooth 중 齿 chǐ 일 歯 シ(は)
寒 찰 한	寒寒寒寒寒寒寒寒寒寒寒	영 cold 중 寒 hán 일 カン(さむい)

是是非非 시시비비 [4II급]

옳은 것은 옳고 그른 것은 그르다는 뜻으로, 특정의 입장에 얽매이지 않고 사물의 옳고 그른 것을 판단한다는 말.
유 비리곡직(非理曲直)

| 是 이 시 | 是是是是是是是是 | 영 right 중 是 shì 일 ゼシ(ただしい) |

| 是 이 시 | 是是是是是是是是 | 영 right 중 是 shì 일 ゼシ(ただしい) |

| 非 아닐 비 | 非非非非非非非非 | 영 not 중 非 fēi 일 ヒ(あらず) |

| 非 아닐 비 | 非非非非非非非非 | 영 not 중 非 fēi 일 ヒ(あらず) |

始終如一 시종여일 [5급]

처음과 끝이 한결같다는 뜻으로, 처음부터 끝까지 변하지 않고 한결같음을 가리키는 말.
유 시종일관(始終一貫), 수미일관(首尾一貫)

| 始 비로소 시 | 始始始始始始始 | 영 begin 중 始 shǐ 일 シ(はじめ) |

| 終 마칠 종 | 終終終終終終終終終終 | 영 finish 중 终 zhōng 일 シュウ(おえる) |

| 如 같을 여 | 如如如如如如 | 영 same 중 如 rú 일 ジョ·ニョ(ごとし) |

| 一 한 일 | 一 | 영 one 중 一 yī 일 イチ(ひとつ) |

身言書判 신언서판 [5급]

신수와 말씨, 그리고 글씨와 판단력이라는 뜻으로, 당나라 시대에 관리를 뽑을 때 인물을 평가하던 네 가지 기준을 말함.

身 몸 신	영 body	중 身 shēn	일 シン(み)
言 말씀 언	영 talk	중 言 yán	일 ゲン(こと)
書 글 서	영 write, book	중 书 shū	일 ショ(ふみ)
判 판단할 판	영 judge	중 判 pàn	일 ハン(わける)

十中八九 십중팔구 [8급]

열 중 여덟이나 아홉이라는 뜻으로, 거의 예외없이 그러할 것이라는 추측을 말함.
유 십상팔구(十常八九)

十 열 십	영 ten	중 十 shí	일 ジユウ(とお)
中 가운데 중	영 middle	중 中 zhōng	일 チユウ(なか)
八 여덟 팔	영 eight	중 八 bā	일 ハチ·ハツ(やっつ)
九 아홉 구	영 nine	중 九 jiǔ	일 キユウ·ク(ここのつ)

我田引水 아전인수 [4급]

나의 밭에 물을 끌어댄다는 뜻으로, 자기에게 이로울 대로만 일을 굽혀서 말하거나 행동함을 가리키는 말.
㈜ 견강부회(牽强附會), ㈜ 역지사지(易地思之)

我 나 아	我我我我我我我	영 I·we 중 我 wǒ 일 ガ (わ·われ)
田 밭 전	田冂月用田	영 field 중 田 tián 일 デン(た)
引 당길 인	引引引引	영 pull 중 引 yǐn 일 イン(ひく)
水 물 수	水水水水	영 water 중 水 shuǐ 일 スイ(みず)

安貧樂道 안빈낙도 [4II급]

가난을 편히 여겨 도를 즐긴다는 뜻으로, 가난한 생활을 불편하게 여기지 않고 즐기는 마음으로 살아간다는 말.
㈜ 안분지족(安分知足), 청빈낙도(淸貧樂道)

安 편안할 안	安安安安安安	영 relaxed 중 安 ān 일 アン
貧 가난할 빈	貧貧貧貧貧貧貧貧貧貧	영 poor 중 贫 pín 일 ヒン(まずしい)
樂(楽) 즐길 낙	樂樂樂樂樂樂樂樂樂樂樂	영 pleasure 중 乐 lè 일 楽 ラク(たのしい)
道 길 도	道道道道道道道道道道道	영 road 중 道 dào 일 ドウ(みち)

1단계 중학교 고사성어

4II급 眼下無人 안하무인

눈 아래에 사람이 없다는 뜻으로, 방자하고 교만하여 다른 사람을 업신여긴다는 뜻.

❀ 안중무인(眼中無人), 오안불손(傲岸不遜)

| 眼 눈 안 | 眼眼眼眼眼眼眼眼眼眼眼 | 영 eye　중 眼 yǎn　일 ガン(め) |

| 下 아래 하 | 下下下 | 영 below　중 下 xià　일 カ(した) |

| 無 (无) 없을 무 | 無無無無無無無無無無無無 | 영 nothing　중 无 wú　일 ム(ない) |

| 人 사람 인 | 人人 | 영 person　중 人 rén　일 ジン·ニン(ひと) |

4급 愛人如己 애인여기

남을 사랑하기를 제 몸 사랑하듯 함.

| 愛 사랑 애 | 愛愛愛愛愛愛愛愛愛愛愛愛 | 영 love　중 爱 ài　일 アイ(あいする) |

| 人 사람 인 | 人人 | 영 person　중 人 rén　일 ジン·ニン(ひと) |

| 如 같을 여 | 如如如如如如 | 영 same　중 如 rú　일 ジョ·ニョ(ごとし) |

| 己 몸 기 | 己己己 | 영 self　중 己 jǐ　일 コ·キ(おのれ) |

[6급] 愛之重之 애지중지

매우 사랑하고 소중히 여긴다는 뜻으로, 어떤 사람이나 물건을 무척 아끼고 소중히 여긴다는 말.

⊕ 부육(傅育)

| 愛 사랑 애 | 愛愛愛愛愛愛愛愛愛愛愛 | 영 love 중 爱 ài 일 アイ(あいする) |

| 之 갈 지 | 之之之之 | 영 go 중 之 zhī 일 シ(ゆく·これ) |

| 重 무거울 중 | 重重重重重重重重重 | 영 heavy 중 重 zhòng 일 ジュウ(かさなる) |

| 之 갈 지 | 之之之之 | 영 go 중 之 zhī 일 シ(ゆく·これ) |

[4급] 藥房甘草 약방감초

한방에 꼭 들어가는 약재인 감초라는 뜻으로, 어떤 일에나 빠짐없이 끼어드는 사람. 또는 그 사물을 일컫는 말.

⊕ 무불간섭(無不干涉)

| 藥(薬) 약 약 | 藥藥藥藥藥藥藥藥藥藥 | 영 medicine 중 药 yào 일 薬 ヤク(くすり) |

| 房 방 방 | 房房房房房房房房 | 영 room 중 房 fáng 일 ポウ(へや) |

| 甘 달 감 | 甘甘甘甘甘 | 영 sweet 중 甘 gān 일 カン(あまい) |

| 草 풀 초 | 草草草草草草草草草 | 영 grass 중 草 cǎo 일 ソウ(くさ) |

漁夫之利 어부지리 [4II급]

어부의 이익이라는 뜻으로, 둘이 다투고 있는 사이에 엉뚱한 사람이(어부가) 애쓰지 않고 이익을 얻게 된다는 말.
㈜ 어인지공(漁人之功), 방휼지세(蚌鷸之勢)

漁 고기잡을 어	漁漁漁漁漁漁漁漁漁漁漁	영 fishing 중 渔 yú 일 ギョ(あさる)
夫 사내 부	夫夫夫夫	영 husband 중 夫 fū 일 フ(おっと)
之 갈 지	之之之之	영 go 중 之 zhī 일 シ(ゆく·これ)
利 이익 리	利利利利利利利	영 profit 중 利 lì 일 ソ(えきする)

言中有骨 언중유골 [4급]

말 속에 뼈가 있다는 뜻으로, 평범한 말 속에 비범한 뜻이 담겨 있다는 말.
㈜ 언중유향(言中有響), 언중유언(言中有言)

言 말씀 언	言言言言言言言	영 talk 중 言 yán 일 ゲン(こと)
中 가운데 중	中中中中	영 middle 중 中 zhōng 일 チュウ(なか)
有 있을 유	有有有有有有	영 exist 중 有 yǒu 일 ユウ(ある)
骨 뼈 골	骨骨骨骨骨骨骨骨骨	영 bone 중 骨 gǔ 일 コツ(ほね)

[4급] 易地思之 역지사지

처지를 바꾸어 생각하라는 뜻으로, 자신의 생각이나 판단에 앞서 상대의 입장을 염두에 두라는 뜻.
㊠ 아전인수(我田引水), ㊀ 타산지석(他山之石)

易 바꿀 역	易易易易易易易易 / 易 易 易 易 易	영 exchange 중 易 yì 일 エキ(とりかえる)
地 땅 지	地地地地地地 / 地 地 地 地 地	영 earth, land 중 地 dì 일 チ(つち)
思 생각 사	思思思思思思思思 / 思 思 思 思 思	영 think 중 思 sī 일 シ(おもう)
之 갈 지	之之之之 / 之 之 之 之 之	영 go 중 之 zhī 일 シ(ゆく・これ)

[5급] 年年歲歲 연년세세

'매년'을 힘주어 이름.

年 해 년	年年年年年年 / 年 年 年 年 年	영 year 중 年 nián 일 ネン(とし)
年 해 년	年年年年年年 / 年 年 年 年 年	영 year 중 年 nián 일 ネン(とし)
歲[歳] 해 세	歲歲歲歲歲歲歲歲歲歲歲歲歲 / 歲 歲 歲 歲 歲	영 year 중 岁 suì 일 サイ(とし)
歲[歳] 해 세	歲歲歲歲歲歲歲歲歲歲歲歲歲 / 歲 歲 歲 歲 歲	영 year 중 岁 suì 일 サイ(とし)

2급 榮枯盛衰 영고성쇠

영화롭고 쇠하며, 융성하고 쇠락하다는 뜻으로, 성함과 쇠함이 무상하여 일정하지 않음과 같이 성함과 쇠함이 서로 뒤바뀌면서 세상의 변화가 무상함을 일컬음.

| 榮 (栄) 영화 영 | 榮榮榮榮榮榮榮榮榮榮 | 영 glory | 중 荣 róng | 일 栄 エイ(さかえる) |

| 枯 마를 고 | 枯枯枯枯枯枯枯枯枯 | 영 wither | 중 枯 kū | 일 コ(からす) |

| 盛 성할 성 | 盛盛盛盛成成成成盛盛 | 영 thriving | 중 盛 shèng | 일 セイ(さかり) |

| 衰 쇠할 쇠 | 衰衰衰衰衰衰衰衰衰 | 영 decline | 중 衰 shuāi | 일 スイ(おとろえる) |

2급 五里霧中 오리무중

사방 오 리에 걸친 깊은 안개 속이라는 뜻으로, 사물의 행방이나 사태의 추이가 어디에 있는지 찾을 길이 없음을 일컫는 말.

준 오리무(五里霧)

| 五 다섯 오 | 五五五五 | 영 five | 중 五 wǔ | 일 ゴ(いつつ) |

| 里 마을 리 | 里里里里里里里 | 영 village | 중 里 lǐ | 일 リ(さと) |

| 霧 안개 무 | 霧霧霧霧霧霧霧霧霧霧霧 | 영 fog | 중 雾 wù | 일 ム・ブ(きり) |

| 中 가운데 중 | 中中中中 | 영 middle | 중 中 zhōng | 일 チユウ(なか) |

吾鼻三尺 오비삼척 〔4급〕

내 코가 석 자다라는 뜻으로, 내 일도 힘들어 타인을 돌볼 여유가 없다는 말.

유 오비체수삼척(吾鼻涕垂三尺)

吾 나 오	吾吾吾吾吾吾吾	영 I 중 吾 wú 일 ゴ(われ)
鼻 코 비	鼻鼻鼻鼻鼻鼻鼻鼻鼻鼻鼻鼻	영 nose 중 鼻 bí 일 ゼ(はな)
三 석 삼	三三三	영 three 중 三 sān 일 サン(みっつ)
尺 자 척	尺尺尺尺	영 ruler 중 尺 chǐ 일 シャク(ものさし)

烏飛梨落 오비이락 〔2급〕

까마귀 날자 배 떨어진다는 뜻으로, 공교롭게 우연의 일치로 어떤 일이 일어나 의심을 받게 됨을 말함.

烏 까마귀 오	烏烏烏烏烏烏烏烏烏烏	영 crow 중 乌 wū 일 ウ(からす)
飛 날 비	飛飛飛飛飛飛飛飛飛	영 fly 중 飞 fēi 일 ヒ(とぶ)
梨 배 이	梨梨梨梨梨梨梨梨梨梨	영 pear 중 lí 일 リ(なし)
落 떨어질 락	落落落落落落落落落落落落	영 fall 중 落 luò 일 ラク(おちる)

4II급 五十步百步 오십보백보

오십보 도망한 자가 백보 도망한 자를 비웃는다는 뜻으로, 조금 낫고 못한 차이는 있지만 본질은 같은 것.
동 五十笑百(오십소백)

| 五
다섯 오 | 五五五五 | 영 five 중 五 wǔ 일 ゴ(いつつ) |

| 十
열 십 | 十十 | 영 ten 중 十 shí 일 ジュウ(とお) |

| 步
걸을 보 | 步步步步步步步 | 영 walk 중 步 bù 일 ホ·ブ(あるく) |

| 百
일백 백 | 百百百百百百 | 영 hundred 중 百 bǎi 일 ヒャク(もも) |

| 步
걸을 보 | 步步步步步步步 | 영 walk 중 步 bù 일 ホ·ブ(あるく) |

3II급 烏合之卒 오합지졸

까마귀가 모인 것처럼 아무렇게나 모인 병졸이라는 뜻으로, 규율도 통일성도 없는 군중.
유 烏合之衆(오합지중)   속 어중이 떠중이 다 모였다.

| 烏
까마귀 오 | 烏烏烏烏烏烏烏烏烏烏 | 영 crow 중 乌 wū 일 ウ(からす) |

| 合
합할 합 | 合合合合合合 | 영 unite 중 合 hé 일 ゴウ(あう) |

| 之
갈 지 | 之之之之 | 영 go 중 之 zhī 일 シ(ゆく·これ) |

| 卒
군사 졸 | 卒卒卒卒卒卒卒卒 | 영 soldier 중 zú 일 ソツ(しもべ) |

溫故知新 온고지신

옛 것을 익히고 새 것을 안다는 뜻으로, 옛 지식을 통해 현재에도 적용할 수 있는 새 지혜를 얻는다는 말.

유 기문지학(記問之學), 구이지학(口耳之學)

溫 따뜻할 온 — 영 warm / 중 温 wēn / 일 温 オン(あたたか)

故 옛 고 — 영 ancient / 중 故 gù / 일 コ(ふるい·ゆえに)

知 알 지 — 영 know / 중 知 zhī / 일 チ(しる)

新 새 신 — 영 new / 중 新 xīn / 일 シン(あたらしい)

臥薪嘗膽 와신상담

섶에 누워 잠을 자고 쓸개를 맛본다는 뜻으로, 어떤 목적을 이루거나 원수를 갚기 위해 괴로움을 참고 견딘다는 말.

유 회계지치(會稽之恥), 반 불념구악(不念舊惡)

臥 누울 와 — 영 lie / 중 卧 wò / 일 ガ(ふす)

薪 땔나무 신 — 영 brushwood / 중 薪 xīn / 일 シン(たきぎ)

嘗(尝) 맛볼 상 — 영 taste / 중 尝 cháng / 일 ショウ(なめる·かつて)

膽(胆) 쓸개 담 — 영 gall bladder / 중 胆 dǎn / 일 胆 タン(きも)

4II급 王兄佛兄 왕형불형

죽어서는 부처의 형이 되고, 살아서는 왕의 형이 된다는 뜻으로 부러운 것이 없고 거리낌이 없음.

| 王 임금 왕 | 王王王王 | 영 king 중 王 wáng 일 オウ(きみ) |

| 兄 맏 형 | 兄兄兄兄兄 | 영 eldest brother 중 兄 xiōng 일 ケイ(あに) |

| 佛 부처 불 | 佛佛佛佛佛佛 | 영 buddha 중 佛 fó 일 フ·ブツ(ほとけ) |

| 兄 맏 형 | 兄兄兄兄兄 | 영 eldest brother 중 兄 xiōng 일 ケイ(あに) |

3II급 外柔内剛 외유내강

겉은 부드러우나 속은 곧고 굳다는 뜻으로, 겉으로는 부드럽고 순해 보이나 속마음은 단단하고 굳세다는 말. 유 내강외유(內剛外柔), 외강내유(外剛內柔)

| 外 바깥 외 | 外外外外外 | 영 outside 중 外 wài 일 ガイ(そと) |

| 柔 부드러울 유 | 柔柔柔柔柔柔柔柔柔 | 영 soft 중 柔 róu 일 ジュウ(やわらか) |

| 内 안 내 | 内内内内 | 영 inside 중 内 nèi 일 内 ナイ(うち) |

| 剛 굳셀 강 | 剛剛剛剛剛剛剛剛剛 | 영 firm 중 剛 gāng 일 ゴウ(つよい) |

樂山樂水 요산요수 [6급]

산을 좋아하고 물을 좋아한다는 뜻으로, 산수(山水: 자연)를 좋아함을 말함.

㊌ 지자요수(知者樂水), 인자요산(仁者樂山)

樂 (楽) 좋아할 요 — 영 pleasure | 중 乐 lè | 일 楽 ラク(たのしい)

山 메 산 — 영 mountain | 중 山 shān | 일 サン(やま)

樂 (楽) 좋아할 요 — 영 pleasure | 중 乐 lè | 일 楽 ラク(たのしい)

水 물 수 — 영 water | 중 水 shuǐ | 일 スイ(みず)

欲速不達 욕속부달 [4급]

빨리 하고자 하면 도달하지 못한다는 뜻으로, 너무 급하게 서두르다 보면 오히려 일을 그르치게 된다는 말.

㊌ 욕교반졸(欲巧反拙)

欲 하고자할 욕 — 영 desire | 중 欲 yù | 일 ヨク(ほっする)

速 빠를 속 — 영 fast | 중 速 sù | 일 ソク(はやい)

不 아닐 부 — 영 not | 중 不 bù | 일 フ・ブ

達 이를 달 — 영 succeed | 중 达 dá | 일 タツ(さとる)

1단계 중학교 고사성어 | 69

[3II급] 龍頭蛇尾 용두사미

머리는 용이고 꼬리는 뱀이라는 뜻으로, 처음은 좋으나 끝이 좋지 않음을 가리키는 말.
㈜ 유두무미(有頭無尾), ㈝ 시종일관(始終一貫)

한자	필순	영/중/일
龍 (竜) 용 용	龍龍龍龍龍龍龍龍龍龍龍	영 dragon / 중 龙 lóng / 일 竜 リュウ
頭 머리 두	頭頭頭頭頭頭頭頭頭頭頭頭頭頭頭頭	영 head / 중 头 tóu / 일 トウ(あたま)
蛇 뱀 사	蛇蛇蛇蛇蛇蛇蛇蛇蛇蛇	영 snake / 중 蛇 shé / 일 ジャ(へび)
尾 꼬리 미	尾尾尾尾尾尾尾	영 tail / 중 尾 wěi / 일 ビ(お)

[4II급] 牛耳讀經 우이독경

쇠귀에 경 읽기라는 뜻으로, 아무리 가르치고 일러 주어도 알아듣지 못함의 비유하는 말.
㈜ 마이동풍(馬耳東風), 우이송경(牛耳誦經)

한자	필순	영/중/일
牛 소 우	牛牛牛牛	영 ox·cow / 중 牛 niú / 일 ギュウ(うし)
耳 귀 이	耳耳耳耳耳耳	영 ear / 중 耳 ěr / 일 ジ(みみ)
讀 (読) 읽을 독	讀讀讀讀讀讀讀讀讀讀讀讀	영 read / 중 读 dú / 일 読 ドク(よむ)
經 (経) 경서 경	經經經經經經經經經經經	영 classics / 중 经 jīng / 일 経 ケイ(たていと)

衛正斥邪 위정척사 [4II급]

바른 것은 보호하고 간사한 것은 내친다는 뜻으로, 조선 후기에 유교적인 질서를 보존하고 외국 세력을 배척한 운동을 말함.
⊕ 파사현정(破邪顯正)

衛 지킬 위	衛衛行衛衛衛衛衛衛衛衛	영 keep 중 卫 wèi 일 エイ(まもる)

正 바를 정	正正正正正	영 straight 중 正 zhèng 일 セイ(ただしい)

斥 자를 척	斥斥斥斥斥	영 refuse 중 斥 chì 일 セキ(しりぞける)

邪 간사할 사	邪邪邪邪邪邪邪	영 malicious 중 邪 xié 일 ジャ(よこしま)

韋編三絶 위편삼절 [*2급]

죽으로 맨 책의 끈이 세 번이나 닳아 끊어지다는 뜻으로, 독서에 힘씀을 이르는 말.
⊕ 삼절(三絶)

韋 가죽 위	韋韋韋韋韋韋韋韋韋	영 leather 중 韦 wéi 일 イ(なめしがわ)

編 엮을 편	編編編編編編編編編編編編編編編	영 weave 중 编 biān 일 ヘン(あむ)

三 석 삼	三三三	영 three 중 三 sān 일 サン(みっつ)

絶 끊을 절	絶絶絶絶絶絶絶絶絶絶絶絶	영 cut off 중 绝 jué 일 ゼツ(たえる)

6급 有口無言 유구무언

입은 있으나 말이 없다는 뜻으로, 변명할 말이 없다는 의미의 말.

有 있을 유	有有有有有有	영 exist 중 有 yǒu 일 ユウ(ある)
口 입 구	口口口	영 mouth 중 口 kǒu 일 コウ(くち)
無(无) 없을 무	無無無無無無無無無無無無	영 nothing 중 无 wú 일 ム(ない)
言 말씀 언	言言言言言言言	영 talk 중 言 yán 일 ゲン(こと)

5급 有名無實 유명무실

소문난 잔치에 먹을 것 없다는 뜻으로, 명성은 높은데 실속은 없다는 말.

유 명존무실(名存無實), 허명무실(虛名無實)

有 있을 유	有有有有有有	영 exist 중 有 yǒu 일 ユウ(ある)
名 이름 명	名名名名名名	영 name 중 名 míng 일 メイ(な)
無(无) 없을 무	無無無無無無無無無無無無	영 nothing 중 无 wú 일 ム(ない)
實(实) 열매 실	實實實實實實實實實實實	영 fruit 중 实 shí 일 実 ジツ(みのる)

有備無患 유비무환 [4II급]

미리 준비가 되어 있으면 근심할 것이 없다는 뜻으로, 모든 것은 갖춘 것이 있어야만 근심이 없게 된다는 말.
🔵 거안사위(居安思危), 🔴 사후약방문(死後藥方文)

한자	필순	영/중/일
有 있을 유	有有有有有有	영 exist 중 有 yǒu 일 ユウ(ある)
備 갖출 비	備備備備備備備備備備	영 prepare 중 备 bèi 일 フン(いきどおる)
無 (无) 없을 무	無無無無無無無無無無無無	영 nothing 중 无 wú 일 ム(ない)
患 근심 환	患患患患患患患患患患	영 anxiety 중 患 huàn 일 カン(うれえる)

柳暗花明 유암화명 [3급]

버들이 무성하여 그늘이 짙고, 꽃이 활짝 피어 환하게 아름답다.

한자	필순	영/중/일
柳 버들 류(유)	柳柳柳柳柳柳柳柳	영 poplar 중 柳 liǔ 일 リュウ(やなぎ)
暗 어두울 암	暗暗暗暗暗暗暗暗暗暗暗暗	영 dark 중 暗 àn 일 アン(くらい)
花 꽃 화	花花花花花花花花	영 flower 중 花 huā 일 カ(はな)
明 밝을 명	明明明明明明明明	영 light 중 明 míng 일 メイ(あかり)

1단계 중학교 고사성어 | 73

3급 唯一無二 유일무이

오직 하나요 둘도 없다는 뜻으로, '유일(唯一)하다'의 강조어.

| 唯 오직 유 | 唯唯唯唯唯唯唯唯唯唯 | 영 only 중 唯 wéi 일 イ・ユイ(ただ) |

| 一 한 일 | 一 | 영 one 중 一 yī 일 イチ(ひとつ) |

| 無 无 없을 무 | 無無無無無無無無無無無無 | 영 nothing 중 无 wú 일 ム(ない) |

| 二 두 이 | 二二 | 영 two 중 二 èr 일 ニ(ふたつ) |

4II급 有害無益 유해무익

해롭기만 하고 이로움은 없다는 뜻으로 아무 이로움이 없음.

| 有 있을 유 | 有有有有有有 | 영 exist 중 有 yǒu 일 ユウ(ある) |

| 害 해로울 해 | 害害害害害害害害害害 | 영 harm 중 害 hài 일 ガイ(そこなう) |

| 無 无 없을 무 | 無無無無無無無無無無無無 | 영 nothing 중 无 wú 일 ム(ない) |

| 益 益 더할 익 | 益益益益益益益益益益 | 영 increase 중 益 yì 일 エキ(ます) |

陰德陽報 음덕양보 [4II급]

사람이 보지 않는 곳에서 좋은 일을 베풀면 반드시 그 일이 드러나서 갚음을 받는다.

陰 (陰) 그늘 음	陰陰陰陰陰陰陰陰陰陰陰	영 shade 중 阴 yīn 일 陰 イン(かげ)
德 (德) 큰 덕	德德德德德德德德德德	영 virtue 중 德 dé 일 德 トク
陽 볕 양	陽陽陽陽陽陽陽陽陽陽陽	영 sunshine 중 阳 yáng 일 ヨウ(ひ)
報 갚을 보	報報報報報報報報報報報	영 repay 중 报 bào 일 ホウ(むくいる)

意氣揚揚 의기양양 [4급]

뜻한 바를 이루어 만족한 마음이 얼굴에 나타난 모양이라는 뜻으로, 자랑스럽게 행동하는 것을 뜻하는 말.

유 지고기양(趾高氣揚), 반 의기소침(意氣銷沈)

意 뜻 의	意意意意意意意意意意意	영 intention, will 중 意 yì 일 イ
氣 (気) 기운 기	氣氣氣氣氣氣氣氣氣氣	영 energy 중 气 qì 일 気 キ
揚 날릴 양	揚揚揚揚揚揚揚揚揚揚	영 raise 중 扬 yáng 일 ヨウ(あがる)
揚 날릴 양	揚揚揚揚揚揚揚揚揚揚	영 raise 중 扬 yáng 일 ヨウ(あがる)

5급 以德服人 이덕복인
무력이 아니라 사람 된 도리로 상대방이 자신을 따르게 함.

以 써 이	以以以以以	영 by, with 중 已 yǐ 일 イ(もって)
德(덕) 덕 덕	德德德德德德德德德德	영 virtue 중 德 dé 일 徳 トク
服 옷 복	服服服服服服服服	영 clothes 중 服 fú 일 フク(きもの·したがう)
人 사람 인	人人	영 person 중 人 rén 일 ジン·ニン(ひと)

6급* 以心傳心 이심전심
불도, 즉 부처의 마음이 제자인 가섭의 마음에 전해진다는 뜻으로, 마음에서 마음으로 전한다는 말.
유 심심상인(心心相印), 염화미소(拈華微笑)

以 써 이	以以以以以	영 by, with 중 已 yǐ 일 イ(もって)
心 마음 심	心心心心	영 heart 중 心 xīn 일 シン(こころ)
傳(伝) 전할 전	傳傳傳傳傳傳傳傳傳傳	영 convey 중 传 chuán 일 伝 デン(つたえる)
心 마음 심	心心心心	영 heart 중 心 xīn 일 シン(こころ)

以熱治熱 이열치열 〔4Ⅱ급〕

열로써 열을 다스린다는 뜻으로, 어떤 작용에 대하여 그것과 같은 수단으로 대응한다는 것을 비유한 말.

| 以 써 이 | 以以以以以 | 영 by, with 중 已 yǐ 일 イ(もって) |

| 熱 더울 열 | 熱熱熱熱熱熱熱熱熱熱熱熱熱熱熱 | 영 hot 중 热 rè 일 ネツ(あつい) |

| 治 다스릴 치 | 治治治治治治治治 | 영 govern 중 治 zhì 일 ジ(おさめる) |

| 熱 더울 열 | 熱熱熱熱熱熱熱熱熱熱熱熱熱熱熱 | 영 hot 중 热 rè 일 ネツ(あつい) |

利害得失 이해득실 〔5급〕

이로움과 해로움 및 얻음과 잃음이라는 뜻으로, 이득과 손해가 있음을 따진다는 말. 참 이해타산(利害打算)

| 利 이로울 이 | 利利利利利利利 | 영 profit 중 利 lì 일 ソ(えきする) |

| 害 해로울 해 | 害害害害害害害害害 | 영 harm 중 害 hài 일 ガイ(そこなう) |

| 得 얻을 득 | 得得得得得得得得得得 | 영 get 중 得 dé 일 トク(える) |

| 失 잃을 실 | 失失失失失 | 영 lose 중 失 shī 일 シツ(うしなう) |

1단계 중학교 고사성어 | 77

人之常情 인지상정 [4급]

사람의 보통 인정이라는 뜻으로, 사람이면 누구나 가지는 보통 마음이나 생각의 의미를 가리킴.

| 人 사람 인 | 人人人人人人 | 영 person 중 人 rén 일 ジン·ニン(ひと) |

| 之 갈 지 | 之之之之 | 영 go 중 之 zhì 일 シ(ゆく·これ) |

| 常 떳떳할 상 | 常常常常常常常常常常 | 영 always 중 常 cháng 일 ジョウ(とこ) |

| 情 뜻 정 | 情情情情情情情情情情 | 영 affection 중 情 qíng 일 ジョウ(なさけ) |

一擧兩得 일거양득 [4II급]

하나를 노려서 두 개를 얻는다는 뜻으로, 한 가지 일로 두 가지 이득을 본다는 말.
유 일거양획(一擧兩獲), 반 일거양실(一擧兩失)

| 一 하나 일 | 一 | 영 one 중 一 yī 일 イチ(ひとつ) |

| 擧 (挙) 들 거 | 擧擧擧擧擧擧擧擧與與擧 | 영 lift 중 举 jǔ 일 挙 キョ(あげる) |

| 兩 (両) 두 양 | 兩兩兩兩兩兩兩兩 | 영 two 중 两 liǎng 일 両 リョウ |

| 得 얻을 득 | 得得得得得得得得得得 | 영 get 중 得 dé 일 トク(える) |

一石二鳥 일석이조 [4II급]

한 개의 돌로 두 마리새를 잡는다는 뜻으로, 한 가지 일로 두 가지 이득을 얻는다는 말.
㈜ 일거양득(一擧兩得), 일전쌍조(一箭雙鵰)

| 一 하나 일 | 一 | 영 one 중 一 yī 일 イチ(ひとつ) |

| 石 돌 석 | 石石石石石 | 영 stone 중 石 shí 일 セキ(いし) |

| 二 두 이 | 二二 | 영 two 중 二 èr 일 ニ(ふたつ) |

| 鳥 새 조 | 鳥鳥鳥鳥鳥鳥鳥鳥鳥鳥鳥 | 영 bird 중 鸟 niǎo 일 ショウ(かね) |

一進一退 일진일퇴 [4II급]

한 번 나아가고 한 번 물러섬의 뜻으로 상대와 경쟁을 벌이는 과정에서 전진과 후퇴를 반복한다는 말.

| 一 하나 일 | 一 | 영 one 중 一 yī 일 イチ(ひとつ) |

| 進 나아갈 진 | 亻佳佳佳隹隹淮進進 | 영 advance 중 进 jìn 일 シン(すすむ) |

| 一 하나 일 | 一 | 영 one 중 一 yī 일 イチ(ひとつ) |

| 退 물러날 퇴 | 退退退退退退退退退 | 영 retreat 중 退 tuì 일 タイ(しりぞく) |

1단계 중학교 고사성어 | 79

5급 日就月將 일취월장

날마다 달마다 성장하고 발전한다는 뜻으로, 학업이 날이 가고 달이 갈수록 진보, 발전함을 일컫는 말.
⊕ 일장월취(日將月就), 괄목상대(刮目相對)

| 日 날 일 | 日 日 日 日 | 영 day, sun 중 日 rì 일 ジツ·ニチ(ひ) |

| 就 나아갈 취 | 就就就就就就就就就就就 | 영 advance 중 就 jiù 일 シュウ·ジュ(つく) |

| 月 달 월 | 月 月 月 月 | 영 moon 중 月 yuè 일 ゲツ(つき) |

| 將 (将) 장차 장 | 將將將將將將將將將將將 | 영 in the future 중 将 jiàng 일 将 ショウ(はた) |

4급 一片丹心 일편단심

한 조각의 붉은 마음이라는 뜻으로, 변하지 않는 참된 마음을 의미하는 말.
⊕ 충성심(忠誠心), 정성(精誠)

| 一 한 일 | 一 | 영 one 중 一 yī 일 イチ(ひとつ) |

| 片 조각 편 | 片 片 片 片 | 영 splinter 중 片 piàn 일 ヘン(かた) |

| 丹 붉을 단 | 丹 丹 丹 丹 | 영 red 중 丹 dān 일 タン(あか) |

| 心 마음 심 | 心 心 心 心 | 영 heart 중 心 xīn 일 シン(こころ) |

立身揚名 입신양명 [4급]

출세하여 이름을 세상에 떨친다는 뜻으로, 사회적으로 인정을 받고 출세한다는 말.

한자	훈음	영	중	일
立	설 입	stand	立 lì	ツ(たてる)
身	몸 신	body	身 shēn	シン(み)
揚	오를 양	raise	扬 yáng	ヨウ(あがる)
名	이름 명	name	名 míng	メイ(な)

自强不息 자강불식 [3II급]

스스로 힘쓰며 쉬지 아니한다는 뜻으로, 스스로 쉬지 않고 끊임없이 노력함을 말함.

⊕ 발분망식(發憤忘食), 자강불식(自彊不息)

한자	훈음	영	중	일
自	스스로 자	self	自 zì	シジ(みずから)
强	굳셀 강	strong	强 qiáng	キョウ(しいる)
不	아닐 불	not	不 bù	フ・ブ
息	쉴 식	breathe	息 xī	ソク(いき)

6급 子子孫孫 자자손손 — 자손의 여러 대라는 뜻으로, 후세에까지 대를 이어 줄곧 이어진다는 말. ㉠ 자손만대(子孫萬代), 대대손손(代代孫孫)

| 子 아들 자 | 子子子 | 영 son 중 子 zǐ, zi 일 シ(むすこ) |

| 子 아들 자 | 子子子 | 영 son 중 子 zǐ, zi 일 シ(むすこ) |

| 孫 손자 손 | 孫孫孫孫孫孫孫孫孫 | 영 grandson 중 孙 sūn 일 ソン(まご) |

| 孫 손자 손 | 孫孫孫孫孫孫孫孫孫 | 영 grandson 중 孙 sūn 일 ソン(まご) |

7급 作心三日 작심삼일 — 품은 마음이 삼 일을 못 간다는 뜻으로, 결심이 굳지 못함을 일컫는 말. ㉠ 조령석개(朝令夕改), 조령모개(朝令暮改)

| 作 지을 작 | 作作作作作作作 | 영 make 중 作 zuò 일 サク(つくる) |

| 心 마음 심 | 心心心心 | 영 heart 중 心 xīn 일 シン(こころ) |

| 三 석 삼 | 三三三 | 영 three 중 三 sān 일 サン(みっつ) |

| 日 날 일 | 日日日日 | 영 day, sun 중 日 rì 일 ジツ·ニチ(ひ) |

長幼有序 장유유서 [4급]

어른과 어린이는 차례가 있다는 뜻으로, 연장자와 연소자 사이에는 지켜야 할 차례가 있음을 이르는 오륜(五倫)의 하나.
유 오륜(五倫)

長 어른 장	長長長長長長長	영 long 중 长 cháng 일 チョウ(ながい)
幼 어릴 유	幼幼幼幼幼	영 young 중 幼 yòu 일 ヨウ(おさない)
有 있을 유	有有有有有有	영 exist 중 有 yǒu 일 ユウ(ある)
序 차례 서	序序序序序序序	영 order 중 序 xù 일 ジョ(ついで)

前途有望 전도유망 [3II급]

앞길에 희망이 있음. 장래가 유망함.

前 앞 전	前前前前前前前前	영 front 중 前 qián 일 ゼン(まえ)
途 길 도	途途途途途途途途途途	영 road 중 途 tú 일 ト(みち)
有 있을 유	有有有有有有	영 exist 중 有 yǒu 일 ユウ(ある)
望 바랄 망	望望望望望望望望望	영 hope 중 望 wàng 일 ボウ(のぞむ)

[1급] 切磋琢磨 절차탁마

옥이나 돌 따위를 자르고 닦아 쪼며 갈아 빛을 낸다는 뜻으로, 학문이나 인격을 갈고 닦음을 나타내는 말.

⊕ 절마(切磨)

| 切 끊을 절 | 切切切切 | 영 cut 중 切 qiē 일 セツ(きる) |

| 磋 갈 차 | 磋磋磋磋磋磋磋磋磋磋 | 영 grind 중 磋 cuō 일 サ(みがく) |

| 啄 쪼을 탁 | 啄啄啄啄啄啄啄啄啄啄 | 영 peck 중 啄 zhuó 일 タク(ついばむ) |

| 磨 갈 마 | 磨磨磨磨磨磨磨磨磨磨 | 영 whet 중 磨 mó 일 マ(みがく) |

[4급] 頂門一針 정문일침

정수리에 침을 놓다는 뜻으로, 남의 잘못에 대한 따끔한 비판이나 타이름을 한다는 말.

⊕ 정상일침(頂上一鍼), 촌철살인(寸鐵殺人)

| 頂 정수리 정 | 頂頂頂頂頂頂頂頂頂頂 | 영 summit 중 顶 dǐng 일 チョウ(いただき) |

| 門 문 문 | 門門門門門門門 | 영 door 중 门 mén 일 モン(かど) |

| 一 한 일 | 一 | 영 one 중 一 yī 일 イチ(ひとつ) |

| 針 바늘 침 | 針針針針針針針針針針 | 영 needle 중 针 zhēn 일 シン(はり) |

正正堂堂 정정당당 [6급]

태도나 수단이 공정하고 떳떳하다는 뜻으로, 공명정대한 모습을 일컫는 말.
참 정정방방(正正方方)

正 바를 정	正正正正正	영 straight 중 正 zhèng 일 セイ(ただしい)

正 바를 정	正正正正正	영 straight 중 正 zhèng 일 セイ(ただしい)

堂 집 당	堂堂堂堂堂堂堂堂堂堂堂	영 house 중 堂 táng 일 ドウ(おもてざしき)

堂 집 당	堂堂堂堂堂堂堂堂堂堂堂	영 house 중 堂 táng 일 ドウ(おもてざしき)

朝令暮改 조령모개 [4급]

아침에 내린 명령을 저녁에 다시 바꾼다는 뜻으로, 일관성이 없이 법령이나 명령을 자주 바꿈을 일컫는 말.
유 조변석개(朝變夕改), 작심삼일(作心三日)

朝 아침 조	朝朝朝朝朝朝朝朝朝朝	영 morning 중 朝 zhāo 일 チョウ(あさ)

令 하여금 령	令令令令令	영 order 중 令 lìng 일 レイ

暮 저녁 모	暮暮暮暮暮暮暮暮暮暮暮暮	영 evening 중 暮 mù 일 ボ(くれる)

改 고칠 개	改改改改改改改	영 improve 중 改 gǎi 일 カイ(あらためる)

1단계 중학교 고사성어

朝變夕改 조변석개

아침저녁으로 뜯어 고친다는 뜻으로, 결정이나 계획을 자주 바꾼다는 말. 윤 조령모개(朝令暮改), 조석변개(朝夕變改)

| 朝 아침 조 | 朝朝朝朝朝朝朝朝朝朝朝朝 | 영 morning 중 朝 zhāo 일 チョウ(あさ) |

| 變 바꿀 변 | 變變變變變變變變變變變變 | 영 change 중 变 biàn 일 変 ヘン(かわる) |

| 夕 저녁 석 | 夕夕夕 | 영 evening 중 夕 xī 일 セキ(ゆう) |

| 改 고칠 개 | 改改改改改改改 | 영 improve 중 改 gǎi 일 カイ(あらためる) |

朝三暮四 조삼모사

아침에 세 개 저녁에 네 개라는 뜻으로, 간사한 꾀로 남을 속인다는 말. 윤 조삼(朝三), 조사모삼(朝四暮三)

| 朝 아침 조 | 朝朝朝朝朝朝朝朝朝朝朝朝 | 영 morning 중 朝 zhāo 일 チョウ(あさ) |

| 三 석 삼 | 三三三 | 영 three 중 三 sān 일 サン(みっつ) |

| 暮 저녁 모 | 暮暮暮暮暮暮暮暮暮暮暮暮 | 영 evening 중 暮 mù 일 ボ(くれる) |

| 四 넉 사 | 四四四四四 | 영 four 중 四 sì 일 シ(よ·よつ) |

坐不安席 좌불안석 [4급]

자리에 편안히 앉지 못한다는 뜻으로, 마음에 불안이나 근심 등이 있어 한 자리에 오래 앉아 있지 못함을 말함.

坐 앉을 좌	坐坐坐坐坐坐坐	영 sit 중 坐 zuò 일 ザ(すわる)
不 아닐 불	不不不不	영 not 중 不 bù 일 フ・ブ
安 편안할 안	安安安安安安	영 relaxed 중 安 ān 일 アン
席 자리 석	席席席席席席席席席	영 seat 중 席 xí 일 セキ(むしろ・せき)

坐井觀天 좌정관천 [3II급]

우물 속에 앉아 하늘을 본다는 뜻으로, 견문이 좁음을 일컫는 말. 또는 세상일에 어두운 것.

坐 앉을 좌	坐坐坐坐坐坐坐	영 sit 중 坐 zuò 일 ザ(すわる)
井 우물 정	井井井井	영 well 중 井 jǐng 일 セイ(いど)
觀(观) 볼 관	觀觀觀觀觀觀觀觀觀觀觀	영 observe 중 观 guān 일 観 カン(みる)
天 하늘 천	天天天天	영 heaven 중 天 tiān 일 テン(そう)

左衝右突 좌충우돌 [3급]

왼쪽으로 부딪치고 오른쪽으로 부딪친다는 뜻으로, 이리저리 구분하지 않고 함부로 맞닥뜨린다는 말.
⊕ 동충서돌(東衝西突), 좌우충돌(左右衝突)

한자	훈음	영	중	일
左	왼 좌	left	左 zuǒ	サ(ひだり)
衝	찌를 충	pierce	衝 chōng	ショウ(つく)
右	오른 우	right	右 yòu	ユウ(みぎ)
突	부딪칠 돌	collide	突 tū	トツ(つく)

晝耕夜讀 주경야독 [4II급]

낮에는 농사를 짓고 밤에는 글을 읽는다는 뜻으로, 바쁘고 어려운 중에도 꿋꿋이 공부함을 이르는 말.
⊕ 주경조독(晝耕朝讀), 청경우독(晴耕雨讀)

한자	훈음	영	중	일
晝	낮 주	day time	昼 zhòu	昼 チュウ(ひる)
耕	밭갈 경	plough	耕 gēng	コウ(たがやす)
夜	밤 야	night	夜 yè	ヤ(よる)
讀	읽을 독	read	读 dú	読 ドク(よむ)

走馬看山 주마간산 [4II급]

달리는 말 위에서 산천을 구경한다는 뜻으로, 시간 들여 찬찬히 훑어보지 않고 서둘러 대충 보고 지나친다는 말.
㈜ 주마간화(走馬看花)

| 走 달릴 주 | 走走走走走走走 | 영 run, rush 중 走 zǒu 일 ソウ(はしる) |

| 馬 말 마 | 馬馬馬馬馬馬馬馬馬馬 | 영 horse 중 马 mǎ 일 バ(うま) |

| 看 볼 간 | 看看看看看看看看看 | 영 see 중 看 kàn 일 カン(みる) |

| 山 메 산 | 山山山 | 영 mountain 중 山 shān 일 サン(やま) |

酒池肉林 주지육림 [3II급]

술은 못을 이루고 고기는 숲을 이룬다는 뜻으로, 호화스럽게 차려놓고 흥청망청하는 잔치를 일컫는 말.
㈜ 육산주지(肉山酒池), 육산포림(肉山脯林)

| 酒 술 주 | 酒酒酒酒酒酒酒酒酒酒 | 영 wine, liquor 중 酒 jiǔ 일 シユ(さけ) |

| 池 못 지 | 池池池池池池 | 영 pond 중 池 zhí 일 チ(いけ) |

| 肉 고기 육 | 肉肉肉肉肉肉 | 영 meat 중 肉 ròu 일 ニク(しし) |

| 林 수풀 림 | 林林林林林林林林 | 영 forest 중 林 lín 일 リン(はやし) |

竹馬故友 죽마고우 [4급]

대나무로 만든 말을 타던 옛 벗이라는 뜻으로, 어릴 적부터 같이 놀며 자란 오랜 벗을 일컬음.

윤 죽마구우(竹馬舊友), 죽마지우(竹馬之友)

| 竹 대 죽 | 竹竹竹竹竹竹 | 영 bamboo 중 竹 zhú 일 チク(たけ) |

| 馬 말 마 | 馬馬馬馬馬馬馬馬馬 | 영 horse 중 马 mǎ 일 バ(うま) |

| 故 옛 고 | 故故故故故故故故故 | 영 ancient 중 故 gù 일 コ(ふるい·ゆえに) |

| 友 벗 우 | 友友友友 | 영 friend 중 友 yǒu 일 コウ(とも) |

衆口難防 중구난방 [4급]

뭇사람의 말을 이루 다 막기가 어렵다는 뜻으로, 여러 명이 말을 마구 뱉어냄을 표현하는 말.

윤 방민지구심어방천(防民之口甚於防川)

| 衆 무리 중 | 衆衆衆衆衆衆衆衆衆衆衆 | 영 crowd 중 众 zhòng 일 シュウ(むれ) |

| 口 입 구 | 口口口 | 영 mouth 중 口 kǒu 일 コウ(くち) |

| 難 어려울 난 | 難難難難難難難難難難難 | 영 difficult 중 难 nán 일 ナン(むずかしい) |

| 防 막을 방 | 防防防防防防防 | 영 block 중 防 fáng 일 ボウ(ふせぐ) |

知己之友 지기지우 [4급]

자신을 알아주는 벗이라는 뜻으로, 자기의 진심과 진가를 알아주는 참다운 친구를 일컬음.
≒ 막역지우(莫逆之友), 문경지교(刎頸之交)

知 알 지	知知知知知知知	영 know 중 知 zhī 일 チ(しる)
己 자기 기	己己己	영 self 중 己 jǐ 일 コ・キ(おのれ)
之 갈 지	之之之之	영 go 중 之 zhī 일 シ(ゆく・これ)
友 벗 우	友友友友	영 friend 중 友 yǒu 일 コウ(とも)

指東指西 지동지서 [4II급]

동쪽을 가리키기도 하고 서쪽을 가리키기도 한다는 뜻으로, 근본에는 손을 못 대고 엉뚱한 것을 가지고 이러쿵저러쿵한다는 말.

指 가리킬 지	指指指指指指指指指	영 point 중 指 zhǐ 일 シ(ゆび)
東 동녘 동	東東東東東東東東	영 east 중 东 dōng 일 トウ(ひがし)
指 가리킬 지	指指指指指指指指	영 point 중 指 zhǐ 일 シ(ゆび)
西 서녘 서	西西西西西西	영 west 중 西 xī 일 セイ(にし)

1급 芝蘭之交 지란지교

쇠붙이를 끊을 수 있을 만큼 단단한 교분이라는 뜻으로, 친구 사이의 매우 두터운 우정을 이르는 말.

⑨ 백아절현(伯牙絶絃), ⑪ 시도지교(市道之交)

| 芝 지초 지 | 芝芝芝芝芝芝芝 | 영 ganoderma lucidum 중 芝 zhī 일 シ(ひじりだけ) |

| 蘭 난초 란 | 蘭蘭蘭蘭蘭蘭蘭蘭蘭蘭蘭 | 영 orchid 중 兰 lán 일 ラン(あららぎ) |

| 之 갈 지 | 之之之之 | 영 go 중 之 zhī 일 シ(ゆく·これ) |

| 交 사귈 교 | 交交交交交交 | 영 associate 중 交 jiāo 일 コウ(まじわる) |

2급 指鹿爲馬 지록위마

사슴을 가리켜 말이라고 우긴다는 뜻으로, 교묘한 꾀로 윗사람을 농락하며 권세를 마음대로 휘두름을 나타내는 말.

⑨ 이록위마(以鹿爲馬)

| 指 가리킬 지 | 指指指指指指指指指 | 영 point 중 指 zhǐ 일 シ(ゆび) |

| 鹿 사슴 록 | 鹿鹿鹿鹿鹿鹿鹿鹿鹿鹿 | 영 deer 중 鹿 lù 일 ロク(しか) |

| 爲 할 위 | 爲爲爲爲爲爲爲爲爲爲 | 영 do 중 为 wèi 일 爲 イ(なす·ため) |

| 馬 말 마 | 馬馬馬馬馬馬馬馬馬 | 영 horse 중 马 mǎ 일 バ(うま) |

4급 知彼知己 지피지기

적을 알고 나를 안다는 뜻으로, 상대를 제대로 알고 자신을 제대로 파악한다면, 아무리 싸우더라도 위태롭지 않다는 뜻.
⊕ 지적지아(知敵知我)

知 알 지	知知知知知知知	영 know 중 知 zhī 일 チ(しる)

彼 저 피	彼彼彼彼彼彼彼	영 that 중 彼 bǐ 일 ヒ(かれ)

知 알 지	知知知知知知知	영 know 중 知 zhī 일 チ(しる)

己 자기 기	己己己	영 self 중 己 jǐ 일 コ・キ(おのれ)

2급 紙筆硯墨 지필연묵

종이·붓·벼루·먹의 네 가지를 아울러 이르는 말.

紙 종이 지	紙紙紙紙紙紙紙紙紙紙	영 paper 중 紙 zhǐ 일 シ(かみ)

筆 붓 필	筆筆筆筆筆筆筆筆筆筆筆筆	영 pen·writing brush 중 笔 bǐ 일 ヒツ(ふで)

硯 벼루 연	硯硯硯硯硯硯硯硯硯硯硯	영 ink-slab 중 砚 yàn 일 ケン(すずり)

墨 먹 묵	墨墨墨墨墨墨墨墨墨墨墨	영 ink 중 墨 mò 일 ボク(すみ)

1단계 중학교 고사성어

5급 知行合一 지행합일
지식과 행동이 하나로 합치된다는 뜻으로 이론과 실천은 일치되어야 한다.

知	알 지	know	知 zhī	チ(しる)
行	다닐 행	go	行 xíng	コウ(いく)
合	합할 합	unite	合 hé	ゴウ(あう)
一	한 일	one	一 yī	イチ(ひとつ)

6급 集小成大 집소성대
작은 것이 모여 큰 것을 이룬다.

集	모을 집	assemble	集 jí	シユウ(あつまる)
小	적을 소	small	小 xiǎo	ショウ(ちいさい)
成	이룰 성	accomplish	成 chéng	セイ(なる)
大	큰 대	big	大 dà	タイ(おおきい)

天長地久 천장지구
[3II급] 하늘과 땅처럼 오래고 변함이 없음.

天 하늘 천 — 영 heaven 중 天 tiān 일 テン(そう)

長 길 장 — 영 long 중 长 cháng 일 チョウ(ながい)

地 땅 지 — 영 earth, land 중 地 dì 일 チ(つち)

久 오랠 구 — 영 long time 중 久 jiǔ 일 キユウ(ひさしい)

千篇一律 천편일률
[4II급] 천 가지 작품이 한 가지 율조를 지닌다는 뜻으로, 여러 시문의 격조가 변화가 없이 똑같다는 말.
유 일률천편(一律千篇)

千 일천 천 — 영 thousand 중 千 qiān 일 セン(ち)

篇 책 편 — 영 book 중 篇 piān 일 ヘン(まき)

一 한 일 — 영 one 중 一 yī 일 イチ(ひとつ)

律 법칙 률 — 영 law 중 律 lǜ 일 りつ·りち

1단계 중학교 고사성어 | 95

晴耕雨讀 청경우독

맑은 날은 논밭을 갈고 비 오는 날은 책을 읽는다는 뜻으로, 부지런히 일하며 공부함을 일컫는 말.

晴 갤 청	晴晴晴晴晴晴晴晴晴晴	영 fair weather 중 晴 qíng 일 セイ(はれる)

耕 밭갈 경	耕耕耕耕耕耕耕耕耕耕	영 plough 중 耕 gēng 일 コウ(たがやす)

雨 비 우	雨雨雨雨雨雨雨雨	영 rain 중 雨 yǔ 일 ウ(あめ)

讀 읽을 독 (读)	讀讀讀讀讀讀讀讀讀讀讀	영 read 중 读 dú 일 読 ドク(よむ)

青松綠竹 청송녹죽

푸른 소나무와 푸른 대나무의 뜻으로 변하지 않는 절개.

青 푸를 청	青青青青青青青	영 blue 중 青 qīng 일 セイ(あおい)

松 소나무 송	松松松松松松松松	영 pine 중 松 sōng 일 ショウ(まつ)

綠 초록색 록	綠綠綠綠綠綠綠綠綠綠綠綠	영 green 중 绿 lǜ 일 緑 ロク(みどり)

竹 대나무 죽	竹竹竹竹竹竹	영 bamboo 중 竹 zhú 일 チク(たけ)

青雲之志 청운지지 [3II급]

푸른 구름의 뜻을 품었다는 뜻으로, 남보다 출세할 뜻을 가지고 있다.

동 陵雲之志(능운지지), 桑蓬之志(상봉지지)

青 푸를 청	青青青青青青青	영 blue 중 青 qīng 일 セイ(あおい)
雲 구름 운	雲雲雲雲雲雲雲雲雲雲雲雲	영 cloud 중 云 yún 일 ウン(くも)
之 갈 지	之之之之	영 go 중 之 zhī 일 シ(ゆく·これ)
志 뜻 지	志志志志志志志	영 meaning 중 志 zhì 일 シ(こころざし)

青出於藍 청출어람 [3급]

쪽에서 나온 푸른 물감이 쪽빛보다 더 푸르다는 뜻으로, 스승이나 선배보다 제자나 후배가 더 뛰어나다는 말.

유 출람지예(出藍之譽), 준 출람(出藍)

青 푸를 청	青青青青青青青	영 blue 중 青 qīng 일 セイ(あおい)
出 나올 출	出出出出出	영 come out 중 出 chū 일 シュツ(でる)
於 갈 어	於於於於於於於	영 particle 중 於 yú 일 オ(おいて)
藍 쪽 람	藍藍藍藍藍藍藍藍藍藍	영 indigo 중 蓝 lán 일 ラン(あい)

清風明月 청풍명월

[6급] 맑은 바람과 밝은 달이라는 뜻으로, 풍자와 해학으로 세상사를 비판하거나 결백하고 온건한 성격을 비유하는 말.
윤 강호연파(江湖煙波), 산명수려(山明水麗)

| 清 맑을 청 | 清清清清清清清清清清 | 영 clear 중 清 qīng 일 セイ(きよい) |

| 風 바람 풍 | 風風風風風風風風風 | 영 wind 중 风 fēng 일 フウ(かぜ) |

| 明 밝을 명 | 明明明明明明明明 | 영 light 중 明 míng 일 メイ(あかり) |

| 月 달 월 | 月月月月 | 영 moon 중 月 yuè 일 ゲツ(つき) |

草綠同色 초록동색

[*6급] 풀과 녹색은 서로 같은 색이라는 뜻으로, 사람은 같은 처지에 있는 사람끼리 어울리거나 편들게 마련이라는 말.
윤 동병상련(同病相憐)

| 草 풀 초 | 草草草草草草草草草 | 영 grass 중 草 cǎo 일 ソウ(くさ) |

| 綠 초록색 록 | 綠綠綠綠綠綠綠綠綠綠綠綠綠綠 | 영 green 중 绿 lǜ 일 緑 ロク(みどり) |

| 同 [소] 같을 동 | 同同同同同同 | 영 same 중 同 tóng 일 トウ(おなじ) |

| 色 색 색 | 色色色色色色 | 영 color 중 色 sè 일 ショク(いろ) |

[5급] 初志不變 초지불변

처음의 뜻이 변하지 않는다는 뜻으로, 처음 계획한 뜻이 끝까지 바뀌지 않는다는 말.

初 처음 초
영 beginning · 중 初 chū · 일 ショ(はつ)

志 뜻 지
영 meaning · 중 志 zhì · 일 シ(こころざし)

不 아닐 불
영 not · 중 不 bù · 일 フ·ブ

變 [変] 변할 변
영 change · 중 变 biàn · 일 変 ヘン(かわる)

[3II급] 推己及人 추기급인

자신을 미루어 다른 사람에게 미친다는 뜻으로 자신의 처지를 미루어 다른 사람의 형편을 헤아림.

推 밀 추
영 transfer · 중 推 tuī · 일 スイ(おす)

己 자기 기
영 self · 중 己 jǐ · 일 コ·キ(おのれ)

及 미칠 급
영 reach · 중 及 jí · 일 キユウ(およぶ)

人 사람 인
영 person · 중 人 rén · 일 ジン·ニン(ひと)

1단계 중학교 고사성어

[3II급] 追遠報本 추원보본

조상의 덕을 추모하는 제사를 지내고 자기의 태어난 근본을 잊지 않고 은혜를 갚음.

한자	필순	영	중	일
追 쫓을 추	追追追追追追追追追	pursue	追 zhuī	ツイ(おう)
遠 멀 원	遠遠遠遠遠遠遠遠遠遠遠遠	far	远 yuǎn	エン(とおい)
報 갚을 보	報報報報報報報報報報	repay	报 bào	ホウ(むくいる)
本 근본 본	本本本本本	origin	本 běn	ホン(もと)

[5급] 秋風落葉 추풍낙엽

가을바람에 흩어져 떨어지는 낙엽이라는 뜻으로, 세력 같은 것이 시들어 우수수 떨어짐의 비유하는 말.

한자	필순	영	중	일
秋 가을 추	秋秋秋秋秋秋秋秋秋	autumn	秋 qiū	シュウ(あき)
風 바람 풍	風風風風風風風風風	wind	风 fēng	フウ(かぜ)
落 떨어질 낙	落落落落落落落落落落落落	fall	落 luò	ラク(おちる)
葉 잎사귀 엽	葉葉葉葉葉葉葉葉葉葉	leaf	叶 yè	ヨウ(は)

4II급 他山之石 **타산지석**

남의 산에 있는 하찮은 돌도 자기의 옥(玉)을 가는 데 쓰인다는 뜻으로, 타인의 사소한 언행도 수양에 도움이 된다는 말. 윤 절차탁마(切磋琢磨), 공옥이석(攻玉以石)

他 다를 타	他他他他他	영 different 중 他 tā 일 タ(ほか)
山 메 산	山山山	영 mountain 중 山 shān 일 サン(やま)
之 갈 지	之之之之	영 go 중 之 zhī 일 シ(ゆく·これ)
石 돌 석	石石石石石	영 stone 중 石 shí 일 セキ(いし)

4급 泰山北斗 **태산북두**

중국 제일의 명산인 태산과 북두칠성이라는 뜻으로, 세상 사람들로부터 가장 우러러 존경받는 사람을 일컫는 말. 윤 산두(山斗), 태두(泰斗), 여태산북두(如泰山北斗)

泰 클 태	泰泰泰泰泰泰泰泰泰泰	영 great 중 太 tài 일 タイ(やすい)
山 메 산	山山山	영 mountain 중 山 shān 일 サン(やま)
北 북녘 북	北北北北北	영 north 중 北 běi 일 ホク(きた)
斗 별이름 두	斗斗斗斗	영 star names 중 斗 dǒu 일 ト(ます)

1단계 중학교 고사성어 | **101**

破竹之勢 파죽지세 [4급]

대나무를 쪼개는 기세라는 뜻으로, 세력이 강대하여 적을 거침없이 물리치고 쳐들어가는 당당한 기세를 일컫는 말.
유 세여파죽(勢如破竹), 요원지화(燎原之火)

破 깨뜨릴 파	破破破破破破破破破破	영 break 중 破 pò 일 ハ(やぶる)
竹 대나무 죽	竹竹竹竹竹竹	영 bamboo 중 竹 zhú 일 チク(たけ)
之 갈 지	之之之之	영 go 중 之 zhì 일 シ(ゆく・これ)
勢 기세 세	勢勢勢勢勢勢勢勢勢勢勢勢勢	영 force 중 勢 shì 일 セイ(いきおい)

風樹之嘆 풍수지탄 [1급]

나무는 고요히 있기를 원하나 바람이 부는 것에 대한 한탄이라는 뜻으로, 부모를 봉양코자 하나 이미 돌아가심을 한탄하는 말.
유 풍수지감(風樹之感)

風 바람 풍	風風風風風風風風風	영 wind 중 风 fēng 일 フウ(かぜ)
樹 나무 수	樹樹樹樹樹樹樹樹樹樹樹樹	영 tree 중 树 shù 일 ジュ(き)
之 갈 지	之之之之	영 go 중 之 zhì 일 シ(ゆく・これ)
嘆 탄식할 탄	嘆嘆嘆嘆嘆嘆嘆嘆嘆嘆嘆嘆	영 sigh 중 叹 tàn 일 タン(なげく)

風前燈火 풍전등화 [4II급]

바람 앞의 등불이라는 뜻으로, 매우 위급한 처지에 있거나 사물의 덧없음을 말함.
㈜ 풍전등촉(風前燈燭), 풍전지진(風前之塵)

風 바람 풍	風風風風風風風風風	영 wind 중 风 fēng 일 フウ(かぜ)
前 앞 전	前前前前前前前前前	영 front 중 前 qián 일 ゼン(まえ)
燈 등잔 등 (灯)	燈燈燈燈燈燈燈燈燈燈燈燈	영 lamp 중 灯 dēng 일 灯 トウ(ひ)
火 불 화	火火火火	영 fire 중 火 huǒ 일 カ(ひ)

皮骨相接 피골상접 [4급]

살가죽과 뼈가 맞붙을 정도로 몹시 마름을 뜻함.
㈜ 피골상련(皮骨相連), 훼척골립(毀瘠骨立)

皮 가죽 피	皮皮皮皮皮	영 skin 중 皮 pí 일 ヒ(かわ)
骨 뼈 골	骨骨骨骨骨骨骨骨骨	영 bone 중 骨 gǔ 일 コツ(ほね)
相 서로 상	相相相相相相相相	영 mutually 중 相 xiàng 일 ショウ(あい)
接 이을 접	接接接接接接接接接	영 associate 중 接 jiē 일 セツ(まじわる)

1단계 중학교 고사성어

3II급 學如不及 학여불급
배움은 미치지 못하는 것같이 해야 한다는 뜻으로 배움이란 모자라는 듯이 열심히 해야 한다.

| 學 학 배울 학 | 學學學學學學學學學學學學學學學學 學學學學學 | 영 learn 중 学 xué 일 学 ガク(まなぶ) |

| 如 같을 여 | 如如如如如如 如如如如如 | 영 same 중 如 rú 일 ジョ·ニョ(ごとし) |

| 不 아닐 불 | 不不不不 不不不不不 | 영 not 중 不 bù 일 フ·ブ |

| 及 미칠 급 | 及及及及 及及及及及 | 영 reach 중 及 jí 일 キユウ(およぶ) |

4II급 漢江投石 한강투석
한강에 돌 던지기라는 뜻으로, 아무리 해도 헛될 일을 하는 어리석은 행동을 가리킴.
유 홍로점설(紅爐點雪), 배수거신(杯水車薪)

| 漢 한수 한 | 漢漢漢漢漢漢漢漢漢漢漢漢漢 漢漢漢漢漢 | 영 name of a river 중 汉 hàn 일 カン(かん) |

| 江 강 강 | 江江江江江江 江江江江江 | 영 river 중 江 jiāng 일 コウ(え) |

| 投 던질 투 | 投投投投投投投 投投投投投 | 영 throw 중 投 tóu 일 トウ(なげる) |

| 石 돌 석 | 石石石石石 石石石石石 | 영 stone 중 石 shí 일 セキ(いし) |

2급 螢雪之功 형설지공

반딧불과 눈[雪] 빛으로 공부한 공이라는 뜻으로, 온갖 고생을 하며 공부해서 얻은 성공을 일컫는 말.
⊕ 손강영설(孫康映雪), 차윤성형(車胤盛螢)

한자	훈음	쓰기	영/중/일
螢 (蛍)	반딧불 형	螢螢螢螢螢螢螢螢螢螢螢螢	영 firefly / 중 萤 yíng / 일 蛍 ケイ(ほたる)
雪	눈 설	雪雪雪雪雪雪雪雪雪雪雪	영 snow / 중 雪 xuě / 일 セツ(ゆき)
之	갈 지	之之之之	영 go / 중 之 zhī / 일 シ(ゆく·これ)
功	공 공	功功功功功	영 merits / 중 功 gōng / 일 コウ(いさお)

4급 兄弟投金 형제투금

형제가 금을 (강에) 던졌다는 뜻으로 갑자기 생긴 금으로 인해 형제끼리 싸우게 되자 그 금을 강물에 던져버렸다.

한자	훈음	쓰기	영/중/일
兄	맏 형	兄兄兄兄兄	영 eldest brother / 중 兄 xiōng / 일 ケイ(あに)
弟	아우 제	弟弟弟弟弟弟弟	영 younger brother / 중 弟 dì / 일 テイ(おとうと)
投	던질 투	投投投投投投	영 throw / 중 投 tóu / 일 トウ(なげる)
金	쇠 금	金金金金金金金金	영 gold / 중 金 jīn / 일 キン(かな)

1단계 중학교 고사성어

6급 形形色色 형형색색

모양의 종류가 다른 여러 가지라는 뜻으로, 다채롭고 다양한 모양을 가리킴.

유 각양각색(各樣各色), 다종다양(多種多樣)

形 형상 형 — 形形形形形形形 — 영 form 중 形 xíng 일 ケイ(かたち)

形 형상 형 — 形形形形形形形 — 영 form 중 形 xíng 일 ケイ(かたち)

色 빛 색 — 色色色色色色 — 영 color 중 色 sè 일 ショク(いろ)

色 빛 색 — 色色色色色色 — 영 color 중 色 sè 일 ショク(いろ)

*1급 狐假虎威 호가호위

여우가 호랑이의 위엄을 빌어 제 위엄으로 삼는다는 뜻으로, 남의 힘에 의지해 위세를 부린다는 말.

유 가호위호(假虎爲狐), 차호위호(借虎威狐)

狐 여우 호 — 狐狐狐狐狐狐狐狐 — 영 fox 중 hú 일 コ(きつね)

假 (仮) 빌릴 가 — 假假假假假假假假假假 — 영 borrow 중 假 jiǎ 일 仮 カ・ケ(かり)

虎 범 호 — 虎虎虎虎虎虎虎 — 영 tiger 중 虎 hǔ 일 コ(とし)

威 위엄 위 — 威威威威威威威威威 — 영 dignity 중 威 wēi 일 イ(たけし)

畫龍點睛 화룡(용)점정 [1급]

용을 그리고 나서 마지막으로 눈동자를 그려 완성한다는 뜻으로, 가장 중요한 부분을 마무리함으로써 일을 완성시키고 일자체가 돋보이는 것을 비유한 말.

畫 (画) 그림 화
영 picture / 중 画 huà / 일 画 ガ·カク(えがく)

龍 (竜) 용 룡(용)
영 dragon / 중 龙 lóng / 일 竜 リュウ

點 (点) 점 점
영 dot / 중 点 diǎn / 일 点 テン(てん)

睛 눈동자 정
영 pupil / 중 睛 jīng / 일 セイ(ひとみ)

花朝月夕 화조월석 [4급]

꽃 피는 아침과 달 밝은 밤이라는 뜻으로, 경치가 좋은 시절을 이르는 말.
유 조화월석(朝花月夕)

花 꽃 화
영 flower / 중 花 huā / 일 カ(はな)

朝 아침 조
영 morning / 중 朝 zhāo / 일 チョウ(あさ)

月 달 월
영 moon / 중 月 yuè / 일 ゲツ(つき)

夕 저녁 석
영 evening / 중 夕 xī / 일 セキ(ゆう)

會者定離 회자정리

만나는 사람은 반드시 헤어질 운명에 있다는 뜻으로, 인생의 무상함을 일컫는 말.

반 거자필반(去者必反), 유 생자필멸(生者必滅)

會 (会) 모일 회	會會會會會會會會會會會會	영 gather 중 会 huì 일 会 カイ(あう)
者 놈 자	者者者者者者者者	영 person, man 중 者 zhě 일 シャ(もの)
定 반드시 정	定定定定定定定定	영 settle 중 定 dìng 일 テイ(さだめる)
離 떠날 리	離離離離離離離離離離離離	영 surely 중 离 lí 일 リ(はなれる)

後生可畏 후생가외

젊은 후배들은 두려워할 만하다는 뜻으로, 젊은이는 장차 얼마나 큰 역량을 나타낼지 모르기 때문에 함부로 대하기가 어렵다는 말.

後 뒤 후	後後後後後後後後後	영 back 중 后 hòu 일 コウ(あと)
生 날 생	生生生生生	영 born 중 生 shēng 일 セイ(なま)
可 옳을 가	可可可可可	영 right 중 可 kě 일 カ(よい)
畏 두려울 외	畏畏畏畏畏畏畏畏畏	영 fear 중 畏 wèi 일 イ(おそれる)

興亡盛衰 흥망성쇠 [3II급]

흥하고 망하고 성하고 쇠한다는 뜻으로, 사람의 운수는 돌고 돌아 늘 변한다는 말.
⊕ 영고성쇠(榮枯盛衰)

| 興 (兴) 흥할 흥 | 興興興興興興興興興興興興 | 영 rise | 중 兴 xīng | 일 コウ(おこる) |

| 亡 망할 망 | 亡亡亡 | 영 be ruined | 중 亡 wáng | 일 ボウ(ほろぶ) |

| 盛 성할 성 | 厂厂厂反成成成成盛盛盛 | 영 thriving | 중 盛 shèng | 일 セイ(さかり) |

| 衰 쇠할 쇠 | 衰衰衰衰衰衰衰衰衰衰 | 영 decline | 중 衰 shuāi | 일 スイ(おとろえる) |

興盡悲來 흥진비래 [4II급]

즐거운 일이 다하고 슬픈 일이 닥쳐온다는 뜻으로, 세상이 돌고 돌아 순환됨을 가리키는 말.
⊖ 고진감래(苦盡甘來)

| 興 (兴) 흥할 흥 | 興興興興興興興興興興興 | 영 rise | 중 兴 xīng | 일 コウ(おこる) |

| 盡 (尽) 다할 진 | 盡盡盡盡盡盡盡盡盡盡盡 | 영 exhaust | 중 尽 jìn | 일 尽 ジン(つまる) |

| 悲 슬플 비 | 悲悲悲悲悲悲悲悲悲悲 | 영 sad | 중 悲 bēi | 일 ヒ(かなしい) |

| 來 (来) 올 래 | 來來來來來來來來 | 영 come | 중 来 lái | 일 来 ライ(きたる) |

1단계 중학교 고사성어

喜怒哀樂 희로애락

기쁨, 성냄, 슬픔, 즐거움이라는 뜻으로, 인간이 살아가면서 느끼는 온갖 감정을 가리킴.
유 환락애정(歡樂哀情)

喜 기쁠 희 — 喜喜喜喜喜喜喜喜喜喜喜 | 영 glad 중 喜 xǐ 일 キ(よろこぶ)

怒 성낼 로 — 怒怒怒怒怒怒怒怒怒 | 영 angry 중 怒 nù 일 ド(いかる)

哀 슬플 애 — 哀哀哀哀哀哀哀哀哀 | 영 sad 중 哀 āi 일 アイ(あわれ)

樂(楽) 즐길 락 — 樂樂樂樂樂樂樂樂樂樂樂 | 영 pleasure 중 乐 lè 일 楽 ラク(たのしい)

3단계 중학+고등
고사성어 故事成語 쓰기교본

Part II

2단계

• 고등 고사성어 •
(중급 단계)

街談巷說　家藏什物　甘言利說
改過遷善　見物生心　孤軍奮鬪
管鮑之交　群鷄一鶴　錦衣還鄕
內憂外患　能小能大　大同小異
馬耳東風　名實相符　知彼知己
白骨難忘　靑山流水　不知其數
粉骨碎身　不俱戴天　因果應報

街談巷說 가담항설 [6급]

길거리나 항간에 떠도는 소문이라는 뜻으로, 세상의 하찮은 이야기나 뜬소문을 말함.
유 도청도설(道聽塗說), 유언비어(流言蜚語)

街 거리 가	街街街街街街街街街街街街	영 street 중 街 jiē 일 カイ(まち)
談 말씀 담	談談談談談談談談談談談談	영 speak 중 谈 tán 일 ダン(はなす)
巷 거리 항	巷巷巷巷巷巷巷巷巷	영 street 중 巷 xiàng 일 コウ(ちまた)
說 말씀 설	說說說說說說說說說說說說說說	영 speak 중 说 shuō 일 セツ(とく)

佳人薄命 가인박명 [6급]*

미인의 수명은 짧다는 뜻으로, 용모가 너무 아름답고 재주가 많으면 불행해지거나 명이 짧음을 말함.
유 미인박명(美人薄命), 다재다병(多才多病)

佳 아름다울 가	佳佳佳佳佳佳佳佳	영 beautiful 중 佳 jiā 일 カ
人 사람 인	人人	영 person 중 人 rén 일 ジン・ニン(ひと)
薄 엷을 박	薄薄薄薄薄薄薄薄薄薄薄	영 thin 중 薄 báo 일 ハク(うすい)
命 목숨 명	命命命命命命命命	영 life 중 命 mìng 일 メイ(いのち)

肝膽相照 간담상조 [2급]

간과 쓸개를 서로 내놓고 보인다는 뜻으로, 서로 속마음을 터놓고 가까이 사귐을 말함.
(유) 문경지교(刎頸之交), 문경지우(刎頸之友)

肝 간 간	肝肝肝肝肝肝肝	영 liver 중 肝 gān 일 カン(きも)
膽 (胆) 쓸개 담	膽膽膽膽膽膽膽膽膽膽	영 gall bladder 중 胆 dǎn 일 胆 タン(きも)
相 서로 상	相相相相相相相相	영 mutually 중 相 xiàng 일 ショウ(あい)
照 비출 조	照照照照照照照照照照照照	영 illumine 중 照 zhào 일 ショウ(てる)

看雲步月 간운보월 [4급]

구름을 바라보거나 달빛 아래 거닌다는 뜻으로, 객지에서 가족이나 집 생각을 함.

看 볼 간	看看看看看看看看	영 see 중 看 kàn 일 カン(みる)
雲 구름 운	雲雲雲雲雲雲雲雲雲雲雲雲	영 cloud 중 云 yún 일 ウン(くも)
步 걸을 보	步步步步步步步	영 walk 중 步 bù 일 ホ・ブ(あるく)
月 달 월	月月月月	영 moon 중 月 yuè 일 ゲツ(つき)

2단계 고등학교 고사성어

1급 渴而穿井 갈이천정

목이 마를 때에야 비로소 우물을 판다는 뜻으로, 일을 당한 뒤에 서두르는 것을 이르는 말.

渴 목마를 갈	渴渴渴渴渴渴渴渴渴渴渴	영 thirsty 중 kě 일 カツ(かわく)
而 말 이을 이	而而而而而而	영 and 중 而 ér 일 ジ(しかして)
穿 뚫을 천	穿穿穿穿穿穿穿穿穿	영 dig 중 穿 chuān 일 セン(うがつ)
井 우물 정	井井井井	영 well 중 井 jǐng 일 セイ(いど)

4급 甘言利說 감언이설

달콤한 말과 이로운 이야기라는 뜻으로, 남을 꾀기 위해 꾸민 그럴듯한 말을 가리킴.

유 아부(阿附), 아종(阿從), 반 고언(苦言)

甘 달 감	甘甘甘甘甘	영 sweet 중 甘 gān 일 カン(あまい)
言 말씀 언	言言言言言言	영 talk 중 言 yán 일 ゲン(こと)
利 이로울 이	利利利利利利利	영 profit 중 利 lì 일 ソ(えきする)
說 말씀 설	說說說說說說說說說說說說	영 speak 중 说 shuō 일 セツ(とく)

改過遷善 개과천선

[2급]

허물을 고치고 착해진다는 뜻으로, 예전의 잘못된 행동이나 습관을 고치고 착한 사람으로 거듭남을 말함.

⊕ 개과자신(改過自新)

改 고칠 개	改改改改改改改	영 improve 중 改 gǎi 일 カイ(あらためる)
過 허물 과	過過過過過過過過過過過過	영 excess 중 过 guò 일 カ(すぎる)
遷 (迁) 옮길 천	遷遷遷遷遷遷遷遷遷遷遷遷	영 move 중 迁 qiān 일 セン(うつる)
善 착할 선	善善善善善善善善善善善	영 good 중 善 shàn 일 ゼン(よい)

居安思危 거안사위

[4급]

편안할 때 경각심을 높인다는 뜻으로, 장차 있을지도 모를 위험에 미리 대비해야 함.

⊕ 有備無患(유비무환)

居 살 거	居居居居居居居	영 dwell 중 居 jū 일 キョ(いる)
安 편안할 안	安安安安安安	영 relaxed 중 安 ān 일 アン
思 생각할 사	思思思思思思思思	영 think 중 思 sī 일 シ(おもう)
危 위태할 위	危危危危危危	영 danger 중 危 wēi 일 キ

2단계 고등학교 고사성어 | 115

車載斗量 거재두량

3II급

수레에 싣고 말로 된다는 뜻으로, 물건이나 인재 따위가 아주 흔하여서 귀하지 않음.

| 車 수레 거 | 車車車車車車車 | 영 cart 중 车 chē 일 シャ(くるま) |

| 載 실을 재 | 載載載載載載載載載載載 | 영 carry 중 裁 cái 일 サイ(さばく) |

| 斗 말 두 | 斗斗斗斗 | 영 star names 중 斗 dǒu 일 ト(ます) |

| 量 양 량 | 量量量量量量量量量量量 | 영 amount 중 量 liàng 일 リョウ(はかる) |

乾坤一擲 건곤일척

1급

하늘과 땅을 걸고 한 번 던진다는 뜻으로, 운명을 하늘에 맡기고 승부나 성패를 겨룬다는 말.
유 사생결단(死生決斷), 중원축록(中原逐鹿)

| 乾 하늘 건 | 乾乾乾乾乾乾乾乾乾乾 | 영 heaven 중 乾 qián 일 ケン(てん) |

| 坤 땅 곤 | 坤坤坤坤坤坤坤坤 | 영 earth 중 坤 kūn 일 コン(つち) |

| 一 한 일 | 一 | 영 one 중 一 yī 일 イチ(ひとつ) |

| 擲 던질 척 | 擲擲擲擲擲擲擲擲擲擲 | 영 throw 중 掷 zhì 일 テキ(なげうつ) |

隔世之感 격세지감

[3Ⅱ급] 매우 많이 변해서 마치 딴 세상에 온 것처럼 느껴진다는 뜻으로, 급격한 변화를 가리킴.
㊠ 격세감(隔世感), 금석지감(今昔之感)

한자	쓰기	영/중/일
隔 사이뜰 격	隔隔隔隔隔隔隔隔隔隔隔 / 隔隔隔隔隔	영 separate / 중 隔 gé / 일 カク(へだたる)
世 세상 세	世世世世世 / 世世世世世	영 generation / 중 世 shì / 일 セ・セイ(よ)
之 갈 지	之之之之 / 之之之之之	영 go / 중 之 zhī / 일 シ(ゆく・これ)
感 느낄 감	感感感感感感感感感感感感感 / 感感感感感	영 emotion, feel / 중 感 gǎn / 일 カン(かんずる)

見蚊拔劍 견문발검

[1급] 모기 보고 칼 빼기라는 뜻으로, 작은 일에 지나치게 큰 대책을 세운다는 말이나 소견이 좁은 사람을 가리킴.
㊠ 노승발검(怒蠅拔劍)

한자	쓰기	영/중/일
見 볼 견	見見見見見見見 / 見見見見見	영 see, watch / 중 见 jiàn / 일 ケン(みる)
蚊 모기 문	蚊蚊蚊蚊蚊蚊蚊蚊蚊蚊 / 蚊蚊蚊蚊蚊	영 mosquito / 중 蚊 wén / 일 ブン(か)
拔 뽑을 발	拔拔拔拔拔拔拔拔 / 拔拔拔拔拔	영 pull out / 중 拔 bá / 일 バツ(ぬく)
劍 칼 검 (剑)	劍劍劍劍劍劍劍劍劍劍 / 劍劍劍劍劍	영 sword / 중 剑 jiàn / 일 ケン(つるぎ)

傾國之色 경국지색

나라를 위태롭게 할 정도로 아름다운 여자라는 뜻으로, 썩 빼어난 절세의 미인을 뜻함.

유 경성지색(傾城之色), 단순호치(丹脣皓齒)

| 傾 기울 경 | 傾傾傾傾傾傾傾傾傾傾 | 영 incline | 중 倾 qīng | 일 ケイ(かたむく) |

| 國 (国) 나라 국 | 國國國國國國國國國國國 | 영 country | 중 国 guó | 일 国 コク(くに) |

| 之 갈 지 | 之之之之 | 영 go | 중 之 zhī | 일 シ(ゆく・これ) |

| 色 빛 색 | 色色色色色色 | 영 color | 중 色 sè | 일 ショク(いろ) |

耕山釣水 경산조수

산에서 밭을 갈고 물에서 낚시를 담근다는 뜻으로, 속세를 떠나 자연과 벗하며 한가로운 생활.

| 耕 밭갈 경 | 耕耕耕耕耕耕耕耕耕耕 | 영 plough | 중 耕 gēng | 일 コウ(たがやす) |

| 山 메 산 | 山山山 | 영 mountain | 중 山 shān | 일 サン(やま) |

| 釣 낚시 조 | 釣釣釣釣釣釣釣釣釣釣釣 | 영 fishing with a hook | 중 釣 diào | 일 チョウ(つる) |

| 水 물 수 | 水水水水 | 영 water | 중 水 shuǐ | 일 スイ(みず) |

鯨戰蝦死 경전하사

고래 싸움에 새우 등 터진다는 뜻으로, 강한 자들끼리의 싸움에 약한 자가 끼어 아무 관계 없이 피해를 입음.

鯨 고래 경 — 영 whale / 중 鲸 jīng / 일 ケイ(くじら)

戰 (戦) 싸움 전 — 영 war / 중 战 zhàn / 일 戦 セン(たたかう)

蝦 새우 하 — 영 toad / 중 蝦 xiā / 일 カ(がま)

死 죽을 사 — 영 die / 중 死 sǐ / 일 シ(しぬ)

鷄口牛後 계구우후

소의 꼬리보다는 닭의 부리가 되라는 뜻으로, 큰 단체의 꼴찌보다는 작은 단체의 우두머리가 되는 편이 낫다는 말.

鷄 (鸡) 닭 계 — 영 cock / 중 鸡 jī / 일 鶏 ケイ(にわとり)

口 입 구 — 영 mouth / 중 口 kǒu / 일 コウ(くち)

牛 소 우 — 영 ox·cow / 중 牛 niú / 일 ギユウ(うし)

後 뒤 후 — 영 back / 중 后 hòu / 일 コウ(あと)

鷄肋 계륵 [1급]

닭의 갈빗대라는 뜻으로, 먹기에는 너무 맛이 없고 버리기에는 아깝다. 이러지도 저러지도 못하는 형편.
兩手執餠(양수집병)

鷄 닭 계	鷄鷄鷄鷄鷄鷄鷄鷄鷄鷄鷄鷄	영 cock	중 鸡 jī	일 鶏 ケイ(にわとり)
	鷄 鷄 鷄 鷄 鷄			

肋 갈비 륵	肋肋肋肋肋	영 bridle	중 肋 lè	일 ロク(くつわ)
	肋 肋 肋 肋 肋			

鷄鳴狗盜 계명구도 [2급]

닭의 울음소리를 잘 내는 사람과 개의 울음소리 흉내를 잘 내는 좀도둑이라는 뜻으로, 천한 재주를 가진 사람도 때로는 요긴하게 쓸모가 있음을 비유한 말.

鷄 닭 계	鷄鷄鷄鷄鷄鷄鷄鷄鷄鷄鷄鷄	영 cock	중 鸡 jī	일 鶏 ケイ(にわとり)
	鷄 鷄 鷄 鷄 鷄			

鳴 울 명	鳴鳴鳴鳴鳴鳴鳴鳴鳴鳴鳴	영 chirp	중 鸣 míng	일 メイ(なく)
	鳴 鳴 鳴 鳴 鳴			

狗 개 구	狗狗狗狗狗狗狗狗	영 dog	중 狗 gǒu	일 ク(いぬ)
	狗 狗 狗 狗 狗			

盜 도적 도	盜盜盜盜盜盜盜盜盜盜盜	영 thief	중 盗 dào	일 トウ(ぬすむ)
	盜 盜 盜 盜 盜			

[1급] 股肱之臣 고굉지신

다리와 팔뚝에 비길 만한 신하라는 뜻으로 임금이 가장 믿고 중히 여기는 신하.

㊌ 股肱(고굉), 股掌之臣(고장지신)

股 넓적다리 고	股股股股股股股股	영thigh 중股 gǔ 일コ(もも)
肱 팔뚝 굉	肱肱肱肱肱肱肱肱	영forearm 중肱 gōng 일コウ(ひじ)
之 갈 지	之之之之	영go 중之 zhī 일シ(ゆく·これ)
臣 신하 신	臣臣臣臣臣臣	영minister 중臣 shén 일シン(たみ)

[1급] 膏粱子弟 고량자제

고량진미만 먹고 귀염을 받으며 자라서, 전혀 고생을 모르는 부귀한 집안의 젊은이.

膏 살찔 고	膏膏膏膏膏膏膏膏膏膏膏	영fat 중gāo 일コウ(あぶら)
粱 기장 량	粱粱粱粱粱粱粱粱粱粱	영millet 중粱 liáng 일リョウ(はり)
子 아들 자	子子子	영son 중子 zǐ, zi 일シ(むすこ)
弟 아우 제	弟弟弟弟弟弟弟	영younger brother 중弟 dì 일テイ(おとうと)

2단계 고등학교 고사성어 | 121

3II급 鼓腹擊壤 고복격양

배를 두드리고 땅을 친다는 뜻으로, 부러울 것이 없는 풍족한 생활.

유 堯舜之節(요순지절), 太平聖代(태평성대)

鼓 북 고	鼓鼓鼓鼓鼓鼓鼓鼓鼓鼓鼓	영 drum 중 鼓 gǔ 일 コ(つづみ)
腹 배 복	腹腹腹腹腹腹腹腹腹腹腹	영 belly 중 腹 fù 일 フク(はら)
擊 칠 격	擊擊擊擊擊擊擊擊擊擊擊擊	영 strike 중 击 jī 일 擊 ゲキ(うつ)
壤 흙 양	壤壤壤壤壤壤壤壤壤壤壤	영 earth 중 壤 rǎng 일 ジョウ(つち)

3II급 孤雲野鶴 고운야학

조각 구름과 무리에서 벗어난 학이라는 뜻으로, 벼슬을 하지 않고 한가로이 숨어 사는 선비.

孤 외로울 고	孤孤孤孤孤孤孤	영 lonely 중 孤 gū 일 コ(みなしご)
雲 구름 운	雲雲雲雲雲雲雲雲雲雲	영 cloud 중 云 yún 일 ウン(くも)
野 들 야	野野野野野野野野野野	영 field 중 野 yě 일 ヤ(の)
鶴 학 학	鶴鶴鶴鶴鶴鶴鶴鶴鶴鶴鶴	영 crane 중 鹤 hè 일 カク(つる)

曲學阿世 곡학아세 *3급*

학문을 굽히어 세상에 아첨한다는 뜻으로, 정도를 벗어난 학문으로 세상 사람에게 아첨함을 이르는 말.
☞ 어용학자(御用學者)

| 曲 굽을 곡 | 曲曲曲曲曲曲 | 영 bent 중 曲 qū 일 キョク(まげる) |

| 學 / 学 배울 학 | 學學學學學學學學學學學學 | 영 learn 중 学 xué 일 学 ガク(まなぶ) |

| 阿 언덕 아 | 阿阿阿阿阿阿阿阿 | 영 hill 중 阿 ē 일 ア(おか) |

| 世 인간 세 | 世世世世世 | 영 generation 중 世 shì 일 セ・セイ(よ) |

空中樓閣 공중누각 *3급*

공중에 떠 있는 누각이라는 뜻으로, 아무런 근거나 현실적 토대가 없는 가공(架空)의 사물을 일컫는 말.
☞ 과대망상(誇大妄想), 신기루(蜃氣樓)

| 空 빌 공 | 空空空空空空空空 | 영 empty 중 空 kōng 일 クウ(そら) |

| 中 가운데 중 | 中中中中 | 영 middle 중 中 zhōng 일 チュウ(なか) |

| 樓 / 楼 다락 누 | 樓樓樓樓樓樓樓樓樓樓樓 | 영 loft 중 楼 lóu 일 楼 ロウ(たかどの) |

| 閣 집 각 | 閣閣閣閣閣閣閣閣閣閣閣 | 영 house 중 阁 gé 일 カク(たかどの) |

[1급] 刮目相對 괄목상대

눈을 비비고 다시 본다는 뜻으로, 주로 손아랫사람의 학식이나 재주가 놀랍도록 향상된 경우에 쓰임.

⊕ 일진월보(日進月步), 일취월장(日就月將)

| 刮 비빌 괄 | 刮刮刮刮刮刮刮刮 刮 刮 刮 刮 刮 | 영 scratch 중 刮 guā 일 カツ(けずる) |

| 目 눈 목 | 目目目目目 目 目 目 目 目 | 영 eye 중 目 mù 일 モク(め) |

| 相 서로 상 | 相相相相相相相相相 相 相 相 相 相 | 영 mutually 중 相 xiàng 일 ショウ(あい) |

| 對 대할 대 (对) | 對對對對對對對對對對對 對 對 對 對 對 | 영 treat 중 对 duì 일 対 タイ(こたえる) |

[2급] 矯角殺牛 교각살우

쇠뿔을 바로잡으려다가 소를 죽인다는 뜻으로, 결점이나 흠을 고치려는 일이 지나쳐 도리어 일을 그르칠 때 사용하는 말.

⊕ 교왕과정(矯枉過正), 소탐대실(小貪大失)

| 矯 바로잡을 교 | 矯矯矯矯矯矯矯矯矯矯 矯 矯 矯 矯 矯 | 영 reform 중 矫 jiǎo 일 キョウ(ためる・なおす) |

| 角 뿔 각 | 角角角角角角 角 角 角 角 角 | 영 horn 중 角 jiǎo 일 カク(つの) |

| 殺 죽일 살 | 殺殺殺殺殺殺殺殺殺殺 殺 殺 殺 殺 殺 | 영 kill 중 杀 shā 일 サツ(ころす) |

| 牛 소 우 | 牛牛牛牛 牛 牛 牛 牛 牛 | 영 ox·cow 중 牛 niú 일 ギュウ(うし) |

九曲肝腸 구곡간장 [3II급]

굽이굽이 서린 간과 창자라는 뜻으로, 깊은 마음속이나 시름이 쌓인 마음속을 비유하는 말.

| 九 아홉 구 | 九九 | 영 nine 중 九 jiǔ 일 キユウ·ク(ここのつ) |

| 曲 굽을 곡 | 曲曲曲曲曲 | 영 bent 중 曲 qū 일 キョク(まげる) |

| 肝 간 간 | 肝肝肝肝肝肝肝 | 영 liver 중 肝 gān 일 カン(きも) |

| 腸 창자 장 | 腸腸腸腸腸腸腸腸腸腸腸 | 영 intestines 중 肠 cháng 일 チョウ(はらわた) |

口尚乳臭 구상유취 [2급]

입에서 아직도 젖내가 난다는 뜻으로, 말과 하는 짓이 유치한 것을 비유하여 일컫는 말. ㉮ 황구유취(黃口乳臭)

| 口 입 구 | 口口口 | 영 mouth 중 口 kǒu 일 コウ(くち) |

| 尚 오히려 상 | 尚尚尚尚尚尚尚尚 | 영 rather 중 尚 shuàng 일 ショウ(なお) |

| 乳 젖 유 | 乳乳乳乳乳乳乳乳 | 영 milk 중 乳 rǔ 일 ニュウ(ち) |

| 臭 냄새 취 | 臭臭臭臭臭臭臭臭臭 | 영 smell 중 臭 chòu 일 シュウ(くさい) |

4II급 九折羊腸 구절양장

아홉 번 꺾인 양의 창자라는 뜻으로 산길이 꼬불꼬불하고 험하다. 또는 세상이 복잡하여 살아가기 어렵다.

| 九 아홉 구 | 九九 | 영 nine 중 九 jiǔ 일 キユウ·ク(ここのつ) |

| 折 꺾을 절 | 折折折折折折折 | 영 break off 중 折 zhé 일 セツ(おり) |

| 羊 양 양 | 羊羊羊羊羊羊 | 영 sheep 중 羊 yáng 일 ヨウ(ひつじ) |

| 腸 창자 장 | 腸腸腸腸腸腸腸腸腸腸腸 | 영 intestines 중 肠 cháng 일 チョウ(はらわた) |

4급 君子三樂 군자삼락

군자의 세 가지 즐거움이라는 뜻으로, 부모가 살아계시고, 형제가 무고하고, 하늘과 사람에게 부끄러움이 없고, 그리고 천하의 영재를 얻어서 가르치는 것을 말함.

| 君 임금 군 | 君君君君君君君 | 영 king 중 君 jūn 일 クン(きみ) |

| 子 아들 자 | 子子子 | 영 son 중 子 zǐ, zi 일 シ(むすこ) |

| 三 석 삼 | 三三三 | 영 three 중 三 sān 일 サン(みっつ) |

| 樂 (楽) 즐길 락 | 樂樂樂樂樂樂樂樂樂樂樂 | 영 pleasure 중 乐 lè 일 楽 ラク(たのしい) |

捲土重來 권토중래

[1급] 흙을 말아 올릴 기세로 다시 쳐들어온다는 뜻으로, 한 번 실패한 자가 힘을 길러 흙먼지를 일으키며 다시 찾아온다는 말. ㊊ 사회부연(死灰復燃), ㊋ 일패도지(一敗塗地)

| 捲 말 권 | 捲捲捲捲捲捲捲捲捲捲 | 영 clench 중 捲 juǎn 일 ケン(こぶし) |

| 土 흙 토 | 土土土 | 영 soil, earth 중 土 tǔ 일 ト·ド(つち) |

| 重 무거울 중 | 重重重重重重重重重 | 영 heavy 중 重 zhòng 일 ジュウ(かさなる) |

| 來 来 올 래 | 來來來來來來來來 | 영 come 중 来 lái 일 来 ライ(きたる) |

金蘭之契 금란지계

[3급] 금과 난 같은 맺음이라는 뜻으로, 사이좋은 벗끼리 마음을 합치면 단단한 쇠도 자를 수 있고, 우정의 아름다움은 난의 향기와 같다는 말로 아주 친밀한 친구 사이를 가리킴.

| 金 쇠 금 | 金金金金金金金金 | 영 gold 중 金 jīn 일 キン(かな) |

| 蘭 蘭 난초 란 | 蘭蘭蘭蘭蘭蘭蘭蘭蘭蘭蘭 | 영 orchid 중 兰 lán 일 ラン(あららぎ) |

| 之 갈 지 | 之之之之 | 영 go 중 之 zhī 일 シ(ゆく·これ) |

| 契 맺을 계 | 契契契契契契契契契 | 영 bond 중 契 qì 일 ケイ(ちぎる) |

3급 錦上添花 금상첨화

비단 위에 꽃을 더한 것이라는 뜻으로, 좋은 일이나 상황이 연달아 일어남을 가리킴.

반 설상가상(雪上加霜), 전호후랑(前虎後狼)

| 錦 비단 금 | 錦錦錦錦錦錦錦錦錦錦錦錦錦 | 영 silk 중 锦 jīn 일 キン(にしき) |

| 上 윗 상 | 上上上 | 영 upper 중 上 shàng 일 ジョウ(うえ) |

| 添 더할 첨 | 添添添添添添添添添添添 | 영 add 중 添 tiān 일 テン(そえる) |

| 花 꽃 화 | 花花花花花花花花 | 영 flower 중 花 huā 일 カ(はな) |

2급 琴瑟之樂 금슬지락

부부사이의 더정하고 화목한 즐거움.

동 연리지(連理枝)

| 琴 거문고 금 | 琴琴琴琴琴琴琴琴琴琴琴琴 | 영 Chinese harp 중 琴 qín 일 キン(こと) |

| 瑟 거문고 슬 | 瑟瑟瑟瑟瑟瑟瑟瑟瑟 | 영 Korean-harp 중 瑟 sè 일 シツ(おおごと) |

| 之 갈 지 | 之之之之 | 영 go 중 之 zhī 일 シ(ゆく·これ) |

| 樂(楽) 즐길 락 | 樂樂樂樂樂樂樂樂樂樂樂 | 영 pleasure 중 乐 lè 일 楽 ラク(たのしい) |

錦衣夜行 금의야행 [3II급]

비단 옷을 입고 밤길을 간다는 뜻으로, 아무도 알아주지 않아 별 보람이 없는 행동을 하는 것을 말함.

⊕ 수의야행(繡衣夜行), ⊖ 금의환향(錦衣還鄕)

| 錦 비단 금 | 錦錦錦錦錦錦錦錦錦錦錦錦錦錦錦錦 | 영 silk 중 锦 jǐn 일 キン(にしき) |

| 衣 옷 의 | 衣衣衣衣衣衣 | 영 clothing 중 衣 yī 일 イ(ころも) |

| 夜 밤 야 | 夜夜夜夜夜夜夜夜 | 영 night 중 夜 yè 일 ヤ(よる) |

| 行 갈 행 | 行行行行行行 | 영 go 중 行 xíng 일 コウ(いく) |

奇貨可居 기화가거 [4II급]

기이한 재물은 저축해 두는 것이 옳다라는 뜻으로 좋은 물건을 사두면 장차 큰 이익을 본다.

| 奇 기이할 기 | 奇奇奇奇奇奇奇奇 | 영 strange 중 奇 qí 일 キ(くし・めずらしい) |

| 貨 재화 화 | 貨貨貨貨貨貨貨貨貨貨貨 | 영 goods 중 貨 huò 일 カ(たから) |

| 可 옳을 가 | 可可可可可 | 영 right 중 可 kě 일 カ(よい) |

| 居 살 거 | 居居居居居居居居 | 영 dwell 중 居 jū 일 キョ(いる) |

洛陽之價 낙양지가 [3II급]

낙양의 종이 값이라는 뜻으로, 훌륭한 글을 다투어 베끼느라고 종이의 수요가 늘어서 값이 등귀한 것을 말함이니 문장의 장려함을 칭송하는 데 쓰이는 말.

洛 물이름 낙 — 洛洛洛洛洛洛洛洛洛 — 영 name of the river 중 洛 luò 일 ラク(みやこ)

陽 볕 양 — 陽陽陽陽陽陽陽陽陽陽 — 영 sunshine 중 阳 yáng 일 ヨウ(ひ)

之 갈 지 — 之之之之 — 영 go 중 之 zhī 일 シ(ゆく·これ)

價(価) 값 가 — 價價價價價價價價價價 — 영 value 중 价 jià, jiè, jie 일 価 カ(あたい)

男負女戴 남부여대 [4II급]*

남자는 등에 지고 여자는 머리에 인다는 뜻으로, 가난한 사람들이 정착할 곳을 찾아 이리저리 떠돌아다닌다는 말.
⊕ 풍찬노숙(風餐露宿), 조진모초(朝秦暮楚)

男 사내 남 — 男男男男男男男 — 영 man 중 男 nán 일 ダン(おとこ)

負 짐질 부 — 負負負負負負負負負 — 영 bear a burden 중 负 fù 일 フ(おう)

女 계집 여 — 女女女 — 영 female 중 女 nǔ 일 ジョ(おんな)

戴 일 대 — 戴戴戴戴戴戴戴戴戴戴 — 영 carry on 중 戴 dài 일 タイ(いただく)

老馬之智 노(로)마지지 [3II급]

늙은 말의 지혜라는 뜻으로, 연륜이 깊은 사람에게는 어려움을 헤쳐나갈 지혜가 있다는 말.
㈜ 노마지도(老馬知途), 노마식도(老馬識途)

老 늙을 노(로)	老老老老老老	영 old 중 老 lǎo 일 ロウ(おいる)
馬 말 마	馬馬馬馬馬馬馬馬馬馬	영 horse 중 马 mǎ 일 バ(うま)
之 갈 지	之之之之	영 go 중 之 zhī 일 シ(ゆく·これ)
智 지혜 지	智智智智智智智智智智	영 wisdom 중 智 zhì 일 チ(ちえ)

弄瓦之慶 농와지경 [3II급]

딸을 낳은 기쁨이란 뜻으로 중국에서 딸을 낳으면 흙으로 만든 실패를 장난감으로 주었던 데서 유래함.

弄 희롱할 농	弄弄弄弄弄弄弄	영 mock 중 弄 nòng 일 ロウ(もてあそぶ)
瓦 기와 와	瓦瓦瓦瓦瓦	영 tile, brick 중 瓦 wǎ, wà 일 ガ(かわら)
之 갈 지	之之之之	영 go 중 之 zhī 일 シ(ゆく·これ)
慶 경사 경	慶慶慶慶慶慶慶慶慶慶	영 happy event 중 庆 qìng 일 ケイ(よろこぶ)

陵遲處斬 능지처참 [2급]

머리·몸·손·팔다리를 토막 쳐서 죽인다는 뜻으로, 대역(大逆) 죄인에게 내리던 극형을 말함.

참 부관참시(副棺斬屍)

한자	훈음	필순	영	중	일
陵	언덕 능	陵陵陵陵陵陵陵陵陵陵	hill	凌 líng	リョウ(みささぎ)
遲	늦을 지	遲遲遲遲遲遲遲遲遲遲遲遲	late	迟 chí	チ(おくれる)
處	곳 처	處處處處處處處處處處	place, site	处 chù	処 ショ(おる)
斬	벨 참	斬斬斬斬斬斬斬斬斬	cut	斩 zhǎn	ザン(きる)

多事多難 다사다난 [4II급]

일도 많고 어려움도 많다라는 뜻으로, 일이 바쁘게 많거나 어렵고 복잡하게 일어난다는 뜻.

유 다사다망(多事多忙), 반 무사식재(無事息災)

한자	훈음	필순	영	중	일
多	많을 다	多多多多多多	many	多 duō	タ(おおい)
事	일 사	事事事事事事事事	work	事 shì	ジ(こと)
多	많을 다	多多多多多多	many	多 duō	タ(おおい)
難	어려울 난	難難難難難難難難難難難	difficult	难 nán	ナン(むずかしい)

3II급 斷機之戒 단기지계

베틀의 실을 끊는 훈계라는 뜻으로, 학업을 중단해서는 안된다는 것을 경계.

동 孟母斷機(맹모단기)

한자	쓰기	영/중/일
斷 (断) 끊을 단	斷斷斷斷斷斷斷斷斷斷斷 / 斷斷斷斷斷	영 cut off 중 断 duàn 일 断 ダン(たつ)
機 기계 기	機機機機機機機機機機機 / 機機機機機	영 machine 중 机 jī 일 キ(はた)
之 갈 지	之之之之 / 之之之之之	영 go 중 之 zhī 일 シ(ゆく·これ)
戒 경계할 계	戒戒戒戒戒戒戒 / 戒戒戒戒戒	영 warning 중 戒 jiè 일 カイ(いましめ)

3II급 堂狗風月 당구풍월

서당개도 풍월을 읊는다는 뜻으로, 무식한 사람도 유식한 사람들 틈에 있다보면 다소 유식해진다는 말.

한자	쓰기	영/중/일
堂 집 당	堂堂堂堂堂堂堂堂堂堂堂 / 堂堂堂堂堂	영 house 중 堂 táng 일 ドウ(おもてざしき)
狗 개 구	狗狗狗狗狗狗狗狗 / 狗狗狗狗狗	영 dog 중 狗 gǒu 일 ク(いぬ)
風 바람 풍	風風風風風風風風風 / 風風風風風	영 wind 중 风 fēng 일 フウ(かぜ)
月 달 월	月月月月 / 月月月月月	영 moon 중 月 yuè 일 ゲツ(つき)

2단계 고등학교 고사성어

大義名分 대의명분

[4II급] 큰 정의와 명분이라는 뜻으로, 인륜의 큰 의를 밝히고 분수를 지켜 정도에 어긋나지 않도록 하는 것을 말함.
⊕ 춘추대의(春秋大義)

| 大 큰 대 | 大大大 | 영 big | 중 大 dà | 일 タイ(おおきい) |

| 義 옳을 의 | 義義義義義義義義義義義 | 영 righteous | 중 义 yì | 일 ギ(よし) |

| 名 이름 명 | 名名名名名名 | 영 name | 중 名 míng | 일 メイ(な) |

| 分 나눌 분 | 分分分分 | 영 divide | 중 分 fēn | 일 フン(わける) |

獨不將軍 독불장군

[5급] 혼자서는 장군이 되지 못한다는 뜻으로, 남의 의견을 묵살하고 저혼자 모든 일을 처리하는 사람이나 따돌림을 받는 사람.
⊕ 고장난명(孤掌難鳴), 순망치한(脣亡齒寒)

| 獨 (独) 홀로 독 | 獨獨獨獨獨獨獨獨獨獨獨 | 영 alone | 중 独 dú | 일 独 ドク |

| 不 아닐 불 | 不不不不 | 영 not | 중 不 bù | 일 フ·ブ |

| 將 (将) 장수 장 | 將將將將將將將將將將 | 영 in the future | 중 将 jiàng | 일 将 ショウ(はた) |

| 軍 군사 군 | 軍軍軍軍軍軍軍軍 | 영 military·district | 중 军 jūn | 일 グン(いくさ) |

讀書三昧 독서삼매 [1급]

오직 책 읽기에만 골몰한 경지를 가리키는 말, 또는 한 곳에 정신을 집중하는 것을 뜻함.

참 독서삼도(讀書三到), 독서삼여(讀書三餘)

| 讀 읽을 독 | 讀讀讀讀讀讀讀讀讀讀讀讀讀 | 영 read 중 读 dú 일 読 ドク(よむ) |

| 書 글 서 | 書書書書書書書書書書 | 영 write, book 중 书 shū 일 ショ(ふみ) |

| 三 석 삼 | 三三三 | 영 three 중 三 sān 일 サン(みっつ) |

| 昧 어두울 매 | 昧昧昧昧昧昧昧 | 영 dark 중 昧 mèi 일 バイ(よあけ) |

讀書尙友 독서상우 [3II급]

책을 읽음으로써 옛날의 현인들과 벗이 될 수 있다는 말.

| 讀 읽을 독 | 讀讀讀讀讀讀讀讀讀讀讀讀讀 | 영 read 중 读 dú 일 読 ドク(よむ) |

| 書 글 서 | 書書書書書書書書書書 | 영 write, book 중 书 shū 일 ショ(ふみ) |

| 尙 오히려 상 | 尙尙尙尙尙尙尙尙 | 영 rather 중 尚 shuàng 일 ショウ(なお) |

| 友 벗 우 | 友友友友 | 영 friend 중 友 yǒu 일 コウ(とも) |

4급 登龍門 등용문
용문에 오르다는 뜻으로, 立身出世의 관문. 또는 출세의 계기를 잡다.

| 登 오를 등 | 登登登登登登登登登登 | 영 climb 중 登 dēng 일 ト・トウ(のぼる) |

| 龍 (竜) 용 용 | 龍龍龍龍龍龍龍龍龍龍龍龍龍 | 영 dragon 중 龙 lóng 일 竜 リュウ |

| 門 문 문 | 門門門門門門門門 | 영 door 중 门 mén 일 モン(かど) |

2급 萬壽無疆 만수무강
장수(長壽)를 빌 때 쓰는 말로, 수명의 끝이 없다는 말.

| 萬 (万) 일만 만 | 萬萬萬萬萬萬萬萬萬萬萬 | 영 ten thousand 중 万 wàn 일 万 マン(よろず) |

| 壽 (寿) 목숨 수 | 壽壽壽壽壽壽壽壽壽壽壽 | 영 life 중 寿 shòu 일 ジュ(ことぶき) |

| 無 (无) 없을 무 | 無無無無無無無無無無無無 | 영 nothing 중 无 wú 일 ム(ない) |

| 疆 지경 강 | 疆疆疆疆疆疆疆疆疆疆疆 | 영 boundary 중 jiāng 일 キョウ(さかい) |

1급 明眸皓齒 명모호치

밝은 눈동자와 흰 이라는 뜻으로, 미인(美人)의 아름다움을 일컫는 말.

| 明 밝을 명 | 明明明明明明明明 | 영 light 중 明 míng 일 メイ(あかり) |

| 眸 눈동자 모 | 眸眸眸眸眸眸眸眸眸眸 | 영 pupil 중 眸 móu 일 ボウ(ひとみ) |

| 皓 흴 호 | 皓皓皓皓皓皓皓皓皓皓 | 영 white 중 皓 hào 일 コウ(しろい) |

| 齒 (歯) 이 치 | 齒齒齒齒齒齒齒齒齒齒齒齒 | 영 tooth 중 齿 chǐ 일 歯 シ(は) |

3급 毛遂自薦 모수자천

자기가 자신을 추천한다는 뜻으로, 다른 사람이 자기를 추천해주지 않으니까 자기가 스스로를 추천한다.

| 毛 터럭 모 | 毛毛毛毛 | 영 hair 중 毛 máo 일 モウ(け) |

| 遂 이를 수 | 遂遂遂遂遂遂遂遂遂遂遂遂 | 영 accomplish 중 遂 suì 일 スイ(ついに) |

| 自 스스로 자 | 自自自自自自 | 영 self 중 自 zì 일 シジ(みずから) |

| 薦 천거할 천 | 薦薦薦薦薦薦薦薦薦薦 | 영 recommend 중 薦 jiàn 일 セン(すすめる) |

2단계 고등학교 고사성어

猫頭縣鈴 묘두현령

고양이 목에 방울 달기란 뜻으로, 실행하기 어려운 공론.

| 猫 고양이 묘 | 猫猫猫猫猫猫猫猫 | 영 cat | 중 猫 māo, máo | 일 ビョウ(ねこ) |

| 頭 머리 두 | 頭頭頭頭頭頭頭頭頭頭頭頭頭 | 영 head | 중 头 tóu | 일 トウ(あたま) |

| 縣(県) 매달 현 | 縣縣縣縣縣縣縣縣縣縣縣縣 | 영 hang | 중 縣 xiàn | 일 県ケン(かかる) |

| 鈴 방울 령 | 鈴鈴鈴鈴鈴鈴鈴鈴鈴鈴 | 영 bell | 중 鈴 líng | 일 レイ(すず) |

武陵桃源 무릉도원

무릉 사람이 발견한 복숭아 꽃이 만발한 곳이라는 뜻으로, 사람들이 화목하고 행복하게 살 수 있다는 이상향을 가리킴.
유 도원경(桃源境), 별천지(別天地)

| 武 호반 무 | 武武武武武武武武 | 영 military | 중 武 wǔ | 일 ブ(たけしい) |

| 陵 언덕 릉 | 陵陵陵陵陵陵陵陵陵陵 | 영 hill | 중 凌 líng | 일 リョウ(みささぎ) |

| 桃 복숭아 도 | 桃桃桃桃桃桃桃桃桃桃 | 영 peach | 중 挑 tiāo | 일 チョウ(いどむ) |

| 源 근원 원 | 源源源源源源源源源源源 | 영 source | 중 源 yuán | 일 ゲン(みなもと) |

[3급] 博而不精 박이부정

여러 방면으로 널리 알되 능란하거나 정밀(精密)하지 못함.

博 넓을 박
博博博博博博博博博博博博
博博博博博
영 wide, broad 중 博 bó 일 ハク(ひろい)

而 말 이을 이
而而而而而而
而而而而而
영 and 중 而 ér 일 ジ(しかして)

不 아닐 불
不不不不
不不不不不
영 not 중 不 bù 일 フ・ブ

精 자세할 정
精精精精精精精精精精精精精精
精精精精精
영 fine and delicate 중 精 jīng 일 セイ(くわしい)

[2급] 伯牙絶鉉 백아절현

백아가 거문고 줄을 끊었다는 뜻으로, 친한 친구의 죽음을 슬퍼하는 말이며 마음으로 통하는 친구.
동 知音(지음)

伯 맏 백
伯伯伯伯伯伯伯
伯伯伯伯伯
영 eldest 중 伯 bó 일 ハク

牙 어금니 아
牙牙牙牙
牙牙牙牙牙
영 molar 중 牙 yá 일 ガ(きば)

絶 끊을 절
絶絶絶絶絶絶絶絶絶絶
絶絶絶絶絶
영 cut off 중 绝 jué 일 ゼッ(たえる)

鉉 줄 현
鉉鉉鉉鉉鉉鉉鉉鉉鉉鉉
鉉鉉鉉鉉鉉
영 ear of a kettle 중 鉉 xián 일 ゲン(みみづる)

百折不屈 백절불굴 [3II급]

백 번 꺾여도 굴하지 않는다는 뜻으로, 어떠한 어려움에도 결코 굽히지 않음을 일컫는 말.
유 백절불요(百折不撓), 불요불굴(不撓不屈)

百 일백 백	百百百百百百	영 hundred 중 百 bǎi 일 ヒャク(もも)
折 꺾을 절	折折折折折折折	영 break off 중 折 zhé 일 セツ(おり)
不 아닐 불	不不不不	영 not 중 不 bù 일 フ・ブ
屈 굽힐 굴	屈屈屈屈屈屈屈	영 stooped 중 屈 qū 일 クツ(かがむ)

附和雷同 부화뇌동 [2급]

천둥이 치면 함께 움직인다는 뜻으로, 뚜렷한 소신이나 주관 없이 남의 의견이나 행동을 따라 한다는 말.
유 부부뇌동(附付雷同), 경거망동(輕擧妄動)

附 붙을 부	附附附附附附附附	영 attach 중 附 fù 일 フ(つく)
和 화합할 화	和和和和和和和	영 harmony 중 和 hé 일 ワ(あえる)
雷 천둥 뇌	雷雷雷雷雷雷雷雷雷雷雷	영 thunder 중 雷 léi 일 ライ(かみなり)
同 한 가지 동 [소]	同同同同同同	영 same 중 同 tóng 일 トウ(おなじ)

5급 氷山一角 빙산일각
빙산의 한 모서리라는 뜻으로, 대부분이 숨겨져 있고 외부로 나타나 있는 것은 극히 일부에 지나지 않는다는 말.

氷 얼음 빙	氷氷氷氷氷	영 ice 중 冰 bīng 일 ヒョウ(こおり)
山 메 산	山山山	영 mountain 중 山 shān 일 サン(やま)
一 한 일	一	영 one 중 一 yī 일 イチ(ひとつ)
角 뿔 각	角角角角角角角	영 horn 중 角 jiǎo 일 カク(つの)

2급 四面楚歌 사면초가
사방에서 들리는 초나라의 노래라는 뜻으로, 사방을 적이 둘러싸고 있어서 완전히 고립된 상태를 말함.
유 고립무원(孤立無援), 진퇴양난(進退兩難)

四 사방 사	四四四四四	영 four 중 四 sì 일 シ(よ·よつ)
面 낯 면	面面面面面面面面面	영 face 중 面 miàn 일 メン(かお)
楚 초나라 초	楚楚楚楚楚楚楚楚楚	영 chu 중 楚 chǔ 일 ソ(いばら)
歌 노래 가	歌歌歌歌歌歌歌歌歌歌	영 song 중 歌 gē 일 カ(たな)

[3II급] 思無邪 사무사
생각이 바르므로 사악함이 없음.

| 思
생각할 사 | 思思思思思思思
思 思 思 思 思 | 영 think 중 思 sī 일 シ(おもう) |

| 無 无
없을 무 | 無無無無無無無無無無無無
無 無 無 無 無 | 영 nothing 중 无 wú 일 ム(ない) |

| 邪
간사할 사 | 邪邪邪邪邪邪邪
邪 邪 邪 邪 邪 | 영 malicious 중 邪 xié 일 ジャ(よこしま) |

[3급] 蛇足 사족
필요 없는 것을 붙이는 것으로, 또는 필요 없는 것.

| 蛇
뱀 사 | 蛇蛇蛇蛇蛇蛇蛇蛇蛇蛇
蛇 蛇 蛇 蛇 蛇 | 영 snake 중 蛇 shé 일 ジャ(へび) |

| 足
발 족 | 足足足足足足足
足 足 足 足 足 | 영 foot 중 足 zú 일 ソク(あし) |

四通八達 사통팔달 [6급]

길이나 교통망, 통신망 등이 이리저리 막힘없이 통한다는 뜻으로, 길이 여러 군데로 막힘없이 통한다는 말.
⊕ 사통오달(四通五達), 사달오통(四達五通)

| 四 넉 사 | 四四四四四 | 영 four 중 四 sì 일 シ(よ·よつ) |

| 通 통할 통 | 通通通通通通通通通通 | 영 go through 중 通 tōng 일 ツ(とおす) |

| 八 여덟 팔 | 八八 | 영 eight 중 八 bā 일 ハチ·ハツ(やっつ) |

| 達 이를 달 | 達達達達達達達達達達達達 | 영 succeed 중 达 dá 일 タツ(さとる) |

傷弓之鳥 상궁지조 [3II급]

활에 상처를 입은 새는 굽은 나무만 보아도 놀란다는 뜻으로, 한 번 궂은 일을 당하고 나면 의심하고 두려워하게 된다.
㋟ 자라 보고 놀란 가슴 솥뚜껑 보고 놀란다.

| 傷 상처 상 | 傷傷傷傷傷傷傷傷傷傷傷 | 영 wound 중 伤 shāng 일 ショウ(いたむ) |

| 弓 활 궁 | 弓弓弓 | 영 bow 중 弓 gōng 일 キュウ(ゆみ) |

| 之 갈 지 | 之之之之 | 영 go 중 之 zhī 일 シ(ゆく·これ) |

| 鳥 새 조 | 鳥鳥鳥鳥鳥鳥鳥鳥鳥鳥鳥 | 영 bird 중 鸟 niǎo 일 ショウ(かね) |

3급 小貪大失 소탐대실

작은 것을 탐내다가 오히려 큰 것을 잃는다는 뜻으로, 욕심을 부리지 말라는 말.

⑪ 이주탄작(以珠彈雀), 과유불급(過猶不及)

小 작을 소 — 小小小 / 영 small 중 小 xiǎo 일 ショウ(ちいさい)

貪 탐할 탐 — 貪貪貪貪貪貪貪貪貪貪 / 영 covet 중 贪 tān 일 タン(むさぼる)

大 큰 대 — 大大大 / 영 big 중 大 dà 일 タイ(おおきい)

失 잃을 실 — 失失失失失 / 영 lose 중 失 shī 일 シツ(うしなう)

3급 束手無策 속수무책

손이 묶여 대책이 없다는 뜻으로, 손이 묶인 것처럼 뾰족한 방법이나 대책이 없어서 꼼짝 못한다는 말.

㉣ 속수(束手)

束 묶을 속 — 束束束束束束束 / 영 bind, tie 중 束 shù 일 ソク(たば)

手 손 수 — 手手手手 / 영 hand 중 手 shǒu 일 シュ(て)

無(无) 없을 무 — 無無無無無無無無無無無無 / 영 nothing 중 无 wú 일 ム(ない)

策 꾀 책 — 策策策策策策策策策策 / 영 plan 중 策 cè 일 サク(はかりごと)

[2급] 松茂柏悅 송무백열

소나무가 무성함을 잣나무가 기뻐한다는 뜻으로, 벗이 잘됨을 기뻐함을 비유하여 일컫는 말.

| 松 소나무 송 | 松松松松松松松 | 영 pine 중 松 sōng 일 ショウ(まつ) |

| 茂 무성할 무 | 茂茂茂茂茂茂茂茂茂 | 영 grow thick 중 茂 mào 일 ボウ(しげる) |

| 柏 측백나무 백 | 柏柏柏柏柏柏柏柏 | 영 thuja 중 柏 bǎi 일 ハク(かしわ) |

| 悅 기쁠 열 | 悅悅悅悅悅悅悅悅悅 | 영 glad 중 悦 yuè 일 エツ(よろこぶ) |

[3II급] 首尾一貫 수미일관

처음과 끝이 한결같다는 뜻으로, 일 따위를 처음부터 끝까지 한결같이 한다는 말.
유 시종여일(始終如一), 종시일관(終始一貫)

| 首 머리 수 | 首首首首首首首首首 | 영 head 중 首 shǒu 일 シュ(くび) |

| 尾 꼬리 미 | 尾尾尾尾尾尾尾 | 영 tail 중 尾 wěi 일 ビ(お) |

| 一 한 일 | 一 | 영 one 중 一 yī 일 イチ(ひとつ) |

| 貫 꿸 관 | 貫貫貫貫貫貫貫貫貫貫貫 | 영 pierce 중 贯 guàn 일 カン(つらぬく) |

壽福康寧 수복강녕 [3II급]

장수하고 행복하고 건강하고 평안하다는 뜻으로, 탈없이 오래도록 건강과 행복을 누리도록 기원함을 말함.
㊥ 만수무강(萬壽無疆), 수산복해(壽山福海)

壽 (寿) 목숨 수	壽壽壽壽壽壽壽壽壽壽壽壽	영 life	중 寿 shòu	일 ジュ(ことぶき)
福 복 복	福福福福福福福福福福福福	영 fortune	중 福 fú	일 フク(さいわい)
康 편안 강	康康康康康康康康康康康	영 peaceful	중 康 kāng	일 コウ
寧 (宁) 편안 녕	寧寧寧寧寧寧寧寧寧寧寧寧	영 peaceful	중 宁 nìng	일 ネイ(むしろ)

宿虎衝鼻 숙호충비 [3II급]

자는 범의 코를 찌른다는 뜻으로, 화를 스스로 불러들이는 일을 비유하여 일컫는 말.

宿 묵을 숙	宿宿宿宿宿宿宿宿宿宿	영 lodge	중 宿 sù	일 シュク(やどる)
虎 범 호	虎虎虎虎虎虎虎虎	영 tiger	중 虎 hǔ	일 コ(とら)
衝 찌를 충	衝衝衝衝衝衝衝衝衝衝衝衝	영 pierce	중 衝 chōng	일 ショウ(つく)
鼻 코 비	鼻鼻鼻鼻鼻鼻鼻鼻鼻鼻鼻鼻	영 nose	중 鼻 bí	일 ゼ(はな)

[2급] 羊頭狗肉 양두구육

양의 머리를 내걸고 개고기를 판다는 뜻으로, 겉과 속이 일치하지 않거나, 겉은 훌륭하게 보이나 속은 변변치 않음을 말함. ㈌ 표리부동(表裏不同), 양질호피(羊質虎皮)

| 羊 양 양 | 羊羊羊羊羊羊 | 영 sheep 중 羊 yáng 일 ヨウ(ひつじ) |

| 頭 머리 두 | 頭頭頭頭頭頭頭頭頭頭頭頭頭頭頭頭 | 영 head 중 头 tóu 일 トウ(あたま) |

| 狗 개 구 | 狗狗狗狗狗狗狗狗 | 영 dog 중 狗 gǒu 일 ク(いぬ) |

| 肉 고기 육 | 肉肉肉肉肉肉 | 영 meat 중 肉 ròu 일 ニク(しし) |

[5급] 良藥苦口 양약고구

좋은 약은 입에 쓰다는 뜻으로, 바르게 충고하는 말은 귀에 거슬리지만 자신을 이롭게 한다는 말.

| 良 좋을 양(량) | 良良良良良良 | 영 good 중 良 liáng 일 リョウ(かて) |

| 藥[薬] 약 약 | 藥藥藥藥藥藥藥藥藥藥 | 영 medicine 중 药 yào 일 薬 ヤク(くすり) |

| 苦 쓸 고 | 苦苦苦苦苦苦苦苦苦 | 영 bitter 중 苦 kǔ 일 ク(くるしい) |

| 口 입 구 | 口口口 | 영 mouth 중 口 kǒu 일 コウ(くち) |

2단계 고등학교 고사성어 | **147**

魚頭肉尾 어두육미 [4급]

물고기 머리와 짐승고기 꼬리라는 뜻으로, 물고기는 머리 쪽이 맛있고 짐승의 고기는 꼬리 쪽이 맛있다는 뜻.
㊜ 어두봉미(魚頭鳳尾), 어두일미(魚頭一味)

| 魚 물고기 어 | 魚魚魚魚魚魚魚魚魚魚魚 | 영 fish 중 鱼 yú 일 ギョ(さかな) |

| 頭 머리 두 | 頭頭頭頭頭頭頭頭頭頭頭頭頭頭頭頭 | 영 head 중 头 tóu 일 トウ(あたま) |

| 肉 고기 육 | 肉肉肉肉肉肉 | 영 meat 중 肉 ròu 일 ニク(しし) |

| 尾 꼬리 미 | 尾尾尾尾尾尾尾 | 영 tail 중 尾 wěi 일 ビ(お) |

與民同樂 여민동락 [4II급]

백성과 더불어 즐거움을 같이한다는 뜻으로, 백성과 동고동락하는 임금의 자세를 말함.
㊜ 여민해락(與民偕樂)

| 與〈与〉 더불 여 | 與與與與與與與與與與與與 | 영 together 중 与 yǔ 일 ヨ(あたえる) |

| 民 백성 민 | 民民民民民 | 영 people 중 民 mín 일 ミン(たみ) |

| 同〈仝〉 같을 동 | 同同同同同同 | 영 same 중 同 tóng 일 トウ(おなじ) |

| 樂〈楽〉 즐길 락 | 樂樂樂樂樂樂樂樂樂樂樂 | 영 pleasure 중 乐 lè 일 楽 ラク(たのしい) |

緣木求魚 연목구어 [4급]

나무에 올라가 물고기를 구한다는 뜻으로, 불가능한 일을 하려 함. 또는 잘못된 방법으로 일을 꾀한다는 말.
㈜ 지천석어(指天射魚), 사어지천(射魚指天)

緣 인연 연	緣緣緣緣緣緣緣緣緣緣緣緣	영 affinity	중 缘 yuán	일 縁 エン(ふち)
木 나무 목	木木木木	영 tree	중 木 mù	일 ボク(き)
求 구할 구	求求求求求求求	영 obtain, get	중 求 qiú	일 キユウ(もとめる)
魚 물고기 어	魚魚魚魚魚魚魚魚魚魚魚	영 fish	중 鱼 yú	일 ギョ(さかな)

吳越同舟 오월동주 [2급]

적대 관계에 있는 오나라 사람과 월나라 사람이 같은 배를 타고 있다는 뜻으로, 서로 적이지만 일시적으로 협력함을 가리킴.
㈜ 동주상구(同舟相救), 동주제강(同舟濟江)

吳 오나라 오	吳吳吳吳吳吳吳	영 Wu(state)	중 吴 wú	일 ゴ(くれ)
越 월나라 월	越越越越越越越越越越	영 Yue(state)	중 越 yuè	일 エツ(こす)
同 한 가지 동 (소)	同同同同同同	영 same	중 同 tóng	일 トウ(おなじ)
舟 배 주	舟舟舟舟舟舟	영 ship	중 舟 zhōu	일 シュウ(ふね)

2단계 고등학교 고사성어 | 149

3II급 溫柔敦厚 온유돈후
마음씨가 따뜻하고 부드러우며 인정이 많고 후덕함.

溫 따뜻할 온	溫溫溫溫溫溫溫溫溫溫溫溫	영 warm 중 溫 wēn 일 温 オン(あたたか)

柔 부드러울 유	柔柔柔柔柔柔柔柔柔	영 soft 중 柔 róu 일 ジュウ(やわらか)

敦 도타울 돈	敦敦敦敦敦敦敦敦敦敦敦敦	영 cordial 중 敦 dūn 일 トン(あつい)

厚 두터울 후	厚厚厚厚厚厚厚厚厚	영 thick 중 厚 hòu 일 コウ(あつい)

3II급 隱忍自重 은인자중
밖으로 드러내지 않고 참으면서 몸가짐을 신중히 한다는 뜻으로, 마음속으로 참으면서 몸가짐을 신중히 한다는 말.
반 경거망동(輕擧妄動)

隱(隐) 숨을 은	隱隱隱隱隱隱隱隱隱隱	영 hide 중 隐 yǐn 일 隠 イン(かくれる)

忍 참을 인	忍忍忍忍忍忍	영 bear 중 忍 rěn 일 ニン(しのぶ)

自 스스로 자	自自自自自自	영 self 중 自 zì 일 シジ(みずから)

重 무거울 중	重重重重重重重重	영 heavy 중 重 zhòng 일 ジュウ(かさなる)

愚公移山 우공이산 [3II급]

우공이 산을 옮기다는 뜻으로, 남들은 어리석게 여기나 한 가지 일을 소신있게 하면 목적을 달성할 수 있음.
⊕ 山溜穿石(산류천석)

| 愚 어리석을 우 | 愚愚愚愚愚愚愚愚愚愚愚愚 | 영 foolish 중 愚 yú 일 グ(おろか) |

| 公 공변될 공 | 公公公公 | 영 public 중 公 gōng 일 コウ(おおやけ) |

| 移 옮길 이 | 移移移移移移移移移移移 | 영 remove 중 移 yí 일 イ(うつる) |

| 山 메 산 | 山山山 | 영 mountain 중 山 shān 일 サン(やま) |

因果應報 인과응보 [4II급]

원인과 결과라는 뜻으로, 좋은 원인에 좋은 결과가 나오고 나쁜 원인에 나쁜 결과가 나오듯, 반드시 그것에 상응하는 과보가 있다는 불교 용어.

| 因 인할 인 | 因因因因因因 | 영 cause 중 因 yīn 일 イン(よる) |

| 果 실과 과 | 果果果果果果果果 | 영 fruit 중 果 guǒ 일 カ(はて) |

| 應(応) 응할 응 | 應應應應應應應應應應應 | 영 reply 중 应 yìng 일 応 オウ(こたえる) |

| 報 갚을 보 | 報報報報報報報報報 | 영 repay 중 报 bào 일 ホウ(むくいる) |

2단계 고등학교 고사성어

4급 一刻千金 일각천금
매우 짧은 시간도 천금과 같이 귀중함.

| 一 한 일 | 一 | 영 one 중 一 yī 일 イチ(ひとつ) |

| 刻 새길 각 | 刻刻刻刻刻刻刻刻 | 영 carve 중 刻 kè 일 コク(きざむ) |

| 千 일천 천 | 千千千 | 영 thousand 중 千 qiān 일 セン(ち) |

| 金 쇠 금 | 金金金金金金金金 | 영 gold 중 金 jīn 일 キン(かな) |

2급 一網打盡 일망타진
한 번의 그물질로 모든 것을 잡는다는 뜻으로, 범죄자나 어떤 무리를 한꺼번에 모조리 잡는다는 뜻.
유 망타(網打)

| 一 한 일 | 一 | 영 one 중 一 yī 일 イチ(ひとつ) |

| 網 그물 망 | 網網網網網網網網網網網網網 | 영 net 중 網 wǎng 일 ボウ(あみ) |

| 打 칠 타 | 打打打打打 | 영 strike, hit 중 打 dǎ 일 ダ(うつ) |

| 盡 尽 다할 진 | 盡盡盡盡盡盡盡盡盡盡盡 | 영 exhaust 중 尽 jìn 일 尽 ジン(つまる) |

一寸光陰 일촌광음

[4II급]

한 마디밖에 안 되는 시간이라는 뜻으로, 아주 짧은 시간을 가리키는 말.

🔗 광음여시(光陰如矢), 광음여유수(光陰如流水)

一 하나 일	一	영 one 중 一 yī 일 イチ(ひとつ)
寸 마디 촌	寸寸寸	영 inch, moment 중 寸 cùn 일 スン
光 빛 광	光光光光光光	영 light 중 光 guāng 일 コウ(ひかり)
陰 그늘 음	陰陰陰陰陰陰陰陰陰陰陰	영 shade 중 阴 yīn 일 陰 イン(かげ)

賊反荷杖 적반하장

[1급]

도적이 도리어 몽둥이를 든다는 뜻으로, 잘못한 사람이 오히려 큰소리를 치며 잘한 사람을 탓하는 형세를 나타내는 말.

🔗 주객전도(主客顚倒), 객반위주(客反爲主)

賊 도둑 적	賊賊賊賊賊賊賊賊賊賊賊賊	영 thief 중 贼 zéi 일 ゾク
反 도리어 반	反反反反	영 return 중 反 fǎn 일 ハン(そる)
荷 멜 하	荷荷荷荷荷荷荷	영 load 중 荷 hé 일 カ(はす)
杖 지팡이 장	杖杖杖杖杖杖杖	영 stick 중 杖 zhàng 일 ジョウ(つえ)

2단계 고등학교 고사성어 | 153

2급 戰戰兢兢 전전긍긍

겁먹고 떠는 모양과 몸을 조심하는 모양을 나타내는 뜻으로, 위기에 닥쳐 몹시 두려워하는 모습.
반 포호빙하(暴虎憑河), 유 소심익익(小心翼翼)

| 戰 [戦] 싸움 전 | 戰戰戰戰戰戰戰戰戰戰戰戰戰戰戰戰 | 영 war | 중 战 zhàn | 일 戦 セン(たたかう) |

| 戰 [戦] 싸움 전 | 戰戰戰戰戰戰戰戰戰戰戰戰戰戰戰戰 | 영 war | 중 战 zhàn | 일 戦 セン(たたかう) |

| 兢 조심할 긍 | 兢兢兢兢兢兢兢兢兢兢兢 | 영 caution | 중 兢 jīng | 일 キョウ(つつしむ) |

| 兢 조심할 긍 | 兢兢兢兢兢兢兢兢兢兢兢 | 영 caution | 중 兢 jīng | 일 キョウ(つつしむ) |

3급 轉禍爲福 전화위복

화가 바뀌어 오히려 복이 된다는 뜻으로, 불행이라고 생각했던 일이 나중에는 오히려 좋은 일로 바뀐다는 말.
유 새옹지마(塞翁之馬), 반화위복(反禍爲福)

| 轉 구를 전 | 轉轉轉轉轉轉轉轉轉轉轉 | 영 roll | 중 转 zhuǎn | 일 転 テン(ころぶ) |

| 禍 재앙 화 | 禍禍禍禍禍禍禍禍禍禍 | 영 disaster | 중 祸 huò | 일 カ(わざわい) |

| 爲 [為] 할 위 | 爲爲爲爲爲爲爲爲爲爲 | 영 do | 중 为 wèi | 일 為 イ(なす・ため) |

| 福 복 복 | 福福福福福福福福福福 | 영 fortune | 중 福 fú | 일 フク(さいわい) |

絕代佳人 절대가인 [4급]

이 세상에 비할 데 없는 미인을 말함.
⊕ 경성지미(傾城之美), 화용월태(花容月態)

| 絕 끊을 절 | 絕絕絕絕絕絕絕絕絕絕 | 영 cut off 중 绝 jué 일 ゼツ(たえる) |

| 代 대신할 대 | 代代代代代 | 영 substitute 중 代 dài 일 ダイ(かわる) |

| 佳 아름다울 가 | 佳佳佳佳佳佳佳佳 | 영 beautiful 중 佳 jiā 일 カ |

| 人 사람 인 | 人人 | 영 person 중 人 rén 일 ジン・ニン(ひと) |

絕長補短 절장보단 [3급]

긴 것을 잘라 짧은 것에 보탠다는 뜻으로, 장점으로 부족한 점이나 나쁜 점을 보충한다는 말.
⊕ 단장보단(斷長補短), 절장보단(截長補短)

| 絕 끊을 절 | 絕絕絕絕絕絕絕絕絕絕 | 영 cut off 중 绝 jué 일 ゼツ(たえる) |

| 長 긴 장 | 長長長長長長長長 | 영 long 중 长 cháng 일 チョウ(ながい) |

| 補 도울 보 | 補補補補補補補補補補 | 영 help 중 补 pǔ 일 ホ(おぎなう) |

| 短 짧을 단 | 短短短短短短短短短短 | 영 short 중 短 duǎn 일 タン(みじかい) |

2단계 고등학교 고사성어

切齒腐心 절치부심

이를 갈고 속을 썩인다는 뜻으로, 분을 이기지 못하며 몹시 노함을 가리키는 말.
유 절치액완(切齒扼腕)

| 切 끊을 절 | 切切切切 | 영 cut 중 切 qiē 일 セツ(きる) |

| 齒 이 치 | 齒齒齒齒齒齒齒齒齒齒齒齒 | 영 tooth 중 齿 chǐ 일 歯 シ(は) |

| 腐 썩을 부 | 腐腐腐腐腐腐腐腐腐腐腐 | 영 rotten 중 腐 fǔ 일 フ(くさる) |

| 心 마음 심 | 心心心心 | 영 heart 중 心 xīn 일 シン(こころ) |

糟糠之妻 조강지처

술지게미와 쌀겨로 이어가며 가난한 살림을 해온 아내라는 뜻으로, 가난할 때부터 함께 고생했던 아내를 가리킴.
유 조강(糟糠)

| 糟 지게미 조 | 糟糟糟糟糟糟糟糟糟糟糟 | 영 lees 중 糟 zāo 일 ソウ(かす) |

| 糠 겨 강 | 糠糠糠糠糠糠糠糠糠糠糠 | 영 chaffs 중 糠 kāng 일 コウ(ぬか) |

| 之 갈 지 | 之之之之 | 영 go 중 之 zhī 일 シ(ゆく・これ) |

| 妻 아내 처 | 妻妻妻妻妻妻妻妻 | 영 wife 중 妻 qī 일 サイ(つま) |

助長 조장

[4II급] 일을 도와서 두드러지게 만든다는 뜻으로, 또는 일을 도와서 나쁜 방향으로 이끎.

助 도울 조 — 영 help 중 助 zhù 일 ジョ(たすける)

長 길 장 — 영 long 중 长 cháng 일 チョウ(ながい)

借廳借閨 차청차규

[3급] 대청을 빌리면 안방도 빌리고자 한다는 뜻으로, 인간의 욕심은 끝이 없다는 말.
유 차청입실(借廳入室), 거어지탄(車魚之歎)

借 빌릴 차 — 영 borrow 중 借 jiè 일 シャク(かりる)

廳 대청 청 — 영 hall 중 厅 tīng 일 庁 チョウ

借 빌릴 차 — 영 borrow 중 借 jiè 일 シャク(かりる)

閨 안방 규 — 영 boudoir 중 闺 guī 일 ケイ(ねや)

2단계 고등학교 고사성어 | 157

徹頭徹尾 철두철미 [3급]

머리부터 꼬리까지 투철하다는 뜻으로, 사리가 밝고 투철함을 일컫는 말.

徹 뚫을 철 — 영 pierce 중 徹 chè 일 テツ(とおる)

頭 머리 두 — 영 head 중 头 tóu 일 トウ(あたま)

徹 뚫을 철 — 영 pierce 중 徹 chè 일 テツ(とおる)

尾 꼬리 미 — 영 tail 중 尾 wěi 일 ビ(お)

兎死狗烹 토사구팽 [1급]

토끼를 잡으면 사냥하던 개를 삶아 먹는다는 뜻으로, 필요할 때 요긴하게 쓰던 것이 필요 없어지면 버린다는 뜻.
유 교토사양구팽(狡兎死良狗烹)

兎 토끼 토 — 영 rabbit 중 兔 tǔ 일 ト(うさぎ)

死 죽을 사 — 영 die 중 死 sǐ 일 シ(しぬ)

狗 개 구 — 영 dog 중 狗 gǒu 일 ク(いぬ)

烹 삶을 팽 — 영 boil, cook 중 烹 pēng 일 ホウ(にる)

[3II급] 推敲 퇴고

글을 지을 때 자구(字句)를 여러 번 생각하여 고치다.

推 밀 퇴	推推推推推推推	영 transfer 중 推 tuī 일 スイ(おす)

敲 두드릴 고	敲敲敲敲敲敲敲敲敲敲	영 beat 중 敲 qiāo 일 コウ(たたく)

[2급] 破瓜之年 파과지년

참외를 깨는 나이라는 뜻으로, 여자의 나이 16세를 가리키는 말.
준 파과(破瓜)

破 깨뜨릴 파	破破破破破破破破破破	영 break 중 破 pò 일 ハ(やぶる)

瓜 오이 과	瓜瓜瓜瓜瓜	영 cucumber 중 瓜 guā 일 カ(り)

之 갈 지	之之之之	영 go 중 之 zhī 일 シ(ゆく·これ)

年 해 년	年年年年年年	영 year 중 年 nián 일 ネン(とし)

[3II급] 破邪顯正 파사현정

그릇된 것을 깨뜨리고 올바르게 바로잡음.

破 깨뜨릴 파 — 영 break / 중 破 pò / 일 ハ(やぶる)

邪 간사할 사 — 영 malicious / 중 邪 xié / 일 ジャ(よこしま)

顯 [顕] 나타날 현 — 영 appear / 중 显 xiǎn / 일 顕 ケン(あらわれる)

正 바를 정 — 영 straight / 중 正 zhèng / 일 セイ(ただしい)

[4급] 匹夫匹婦 필부필부

한 사람의 남자와 한 사람의 여자라는 뜻으로, 평범한 사람이나 미천한 남녀, 또는 미천한 남자를 가리킴.

유 갑남을녀(甲男乙女), 선남선녀(善男善女)

匹 짝 필 — 영 partner / 중 匹 pǐ / 일 ヒツ(ひき·たぐい)

夫 지아비 부 — 영 husband / 중 夫 fū / 일 フ(おっと)

匹 짝 필 — 영 partner / 중 匹 pǐ / 일 ヒツ(ひき·たぐい)

婦 지어미 부 — 영 wife / 중 妇 fù / 일 フ(おんな)

鶴首苦待 학수고대 [3급]

학처럼 목을 빼고 기다린다는 뜻으로, 몹시 애타게 기다린다는 말.

유 학수(鶴首), 학망(鶴望)

鶴 학 학	鶴鶴鶴鶴鶴鶴鶴鶴鶴鶴鶴鶴	영 crane 중 鶴 hè 일 カク(つる)
首 머리 수	首首首首首首首首首	영 head 중 首 shǒu 일 シュ(くび)
苦 쓸 고	苦苦苦苦苦苦苦苦	영 bitter 중 苦 kǔ 일 ク(くるしい)
待 기다릴 대	待待待待待待待待	영 wait 중 待 dài 일 タイ(まつ)

邯鄲之夢 한단지몽 [1급]

노생이 한단에서 여옹의 베개를 베고 자다 꾼 꿈이라는 뜻으로, 인생의 부귀영화가 덧없음을 비유한 말.

유 일취지몽(一炊之夢), 한단침(邯鄲枕)

邯 땅이름 한	邯邯邯邯邯邯邯	영 land name 중 邯 hán 일 カン
鄲 땅이름 단	鄲鄲鄲鄲鄲鄲鄲鄲鄲鄲鄲鄲	영 land name 중 鄲 dān 일 タン
之 갈 지	之之之之	영 go 중 之 zhī 일 シ(ゆく・これ)
夢 (梦) 꿈 몽	夢夢夢夢夢夢夢夢夢夢	영 dream 중 梦 mèng 일 ム(ゆめ)

3급 咸興差使 함흥차사

함흥에 가는 차사. 한 번 가기만 하면 깜깜 소식이라는 뜻으로, 심부름을 가서 아주 소식이 없거나 더디 올 때 쓰는 말.
㊠ 終無消息(종무소식)

咸 다 함	영 all 중 咸 xián 일 カン(みな)
興 흥할 흥	영 rise 중 兴 xīng 일 コウ(おこる)
差 다를 차	영 difference 중 差 chā 일 サ(さす)
使 부릴 사	영 employ, mission 중 使 shǐ 일 シ(つかう)

5급 行雲流水 행운유수

떠가는 구름과 흐르는 물이라는 뜻으로, 일의 처리에 막힘이 없거나 마음씨가 시원시원함을 비유하는 말.

行 갈 행	영 go 중 行 xíng 일 コウ(いく)
雲 구름 운	영 cloud 중 云 yún 일 ウン(くも)
流 흐를 류(유)	영 flow 중 流 liú 일 リュウ(ながれる)
水 물 수	영 water 중 水 shuǐ 일 スイ(みず)

懸河之辯 현하지변

흐르는 물과 같은 연설이라는 뜻으로, 매우 유창한 말솜씨.

懸 매달 현 — 영 hang / 중 悬 xuán / 일 ケン(かける)

河 황하 하 — 영 river / 중 河 hé / 일 カ(かわ)

之 갈 지 — 영 go / 중 之 zhī / 일 シ(ゆく・これ)

辯 말씀 변 — 영 speaker / 중 辩 biàn / 일 弁 べん(わきまえる)

糊口之策 호구지책

입에 풀칠하는 꾀라는 뜻으로, 겨우 생계를 유지할 수 있을 정도의 일을 말함.

유 구식지계(口食之計), 호구지계(糊口之計)

糊 풀칠할 호 — 영 paste / 중 糊 hú, hū, hù / 일 コ(のり)

口 입 구 — 영 mouth / 중 口 kǒu / 일 コウ(くち)

之 갈 지 — 영 go / 중 之 zhī / 일 シ(ゆく・これ)

策 책략 책 — 영 plan / 중 策 cè / 일 サク(はかりごと)

2단계 고등학교 고사성어 | 163

3급 浩然之氣 호연지기

하늘과 땅 사이에 가득 찬 넓고도 큰 기운이라는 뜻으로, 사물에서 해방되어 자유스럽고 유쾌한 마음을 뜻함.
⊕ 정대지기(正大之氣), 호기(浩氣)

| 浩 넓을 호 | 浩浩浩浩浩浩浩浩浩 | 영 wide 중 浩 hào 일 コウ(ひろい) |

| 然 그럴 연 | 然然然然然然然然然然然然 | 영 so, such 중 然 rán 일 ゼン(しかり) |

| 之 갈 지 | 之之之之 | 영 go 중 之 zhī 일 シ(ゆく・これ) |

| 氣(気) 기운 기 | 氣氣氣氣氣氣氣氣氣氣 | 영 energy 중 气 qì 일 気 キ |

3급 胡蝶之夢 호접지몽

나비가 된 꿈이라는 뜻으로, 현실과 꿈이 뒤섞여서 무엇이 현실이고 무엇이 꿈인지를 분간하기 어려움을 비유한 말.
⊕ 장주지몽(莊周之夢), 물심일여(物心一如)

| 胡 오랑캐 호 | 胡胡胡胡胡胡胡胡胡 | 영 savage 중 胡 hú 일 コ・ウ・ゴ(えびす) |

| 蝶 나비 접 | 蝶蝶蝶蝶蝶蝶蝶蝶蝶蝶蝶 | 영 butterfly 중 蝶 dié 일 チョウ |

| 之 갈 지 | 之之之之 | 영 go 중 之 zhī 일 シ(ゆく・これ) |

| 夢(梦) 꿈 몽 | 夢夢夢夢夢夢夢夢夢 | 영 dream 중 梦 mèng 일 ム(ゆめ) |

昏定晨省 혼정신성 _{3급}

저녁에 이부자리를 보고 아침에 자리를 돌본다는 뜻으로, 아침저녁으로 부모의 안부를 물어서 살핌.

昏 어두울 혼
昏昏昏昏昏昏昏昏
영 dusk 중 昏 hūn 일 コン(くらい)

定 정할 정
定定定定定定定定
영 settle 중 定 dìng 일 テイ(さだめる)

晨 새벽 신
晨晨晨晨晨晨晨晨晨晨
영 dawn 중 晨 chén 일 シン(あさ)

省 살필 성
省省省省省省省省省
영 look 중 省 shěng 일 セイ(かえりみる)

畵中之餠 화중지병 _{1급}

그림의 떡이라는 뜻으로, 볼 수만 있을 뿐 실제 얻거나 쓸 수는 없다는 말.
유 귀화병(歸畫餠)

畵(画) 그림 화
畵畵畵畵畵畵畵畵畵畵畵畵
영 picture 중 畵 huà 일 画 ガ·カク(えがく)

中 가운데 중
中中中中
영 middle 중 中 zhōng 일 チユウ(なか)

之 갈 지
之之之之
영 go 중 之 zhī 일 シ(ゆく·これ)

餠 떡 병
餠餠餠餠餠餠餠餠餠餠
영 flour cake 중 餠 bǐng 일 ヘイ(もち)

厚顏無恥 후안무치

얼굴 거죽이 두꺼워 자신의 부끄러움도 돌아보지 않는다는 뜻으로, 뻔뻔스러워 부끄러워할 줄을 모름을 일컫는 말.
㊇ 철면피(鐵面), ㊉ 순정가련(純情可憐)

厚 두터울 후
厚厚厚厚厚厚厚厚厚
영 thick 중 厚 hòu 일 コウ(あつい)

顏 얼굴 안
顏顏顏顏顏顏顏顏顏顏顏
영 face 중 颜 yán 일 ガン(かお)

無 (无) 없을 무
無無無無無無無無無無無無
영 nothing 중 无 wú 일 ム(ない)

恥 (耻) 부끄러울 치
恥恥恥恥恥恥恥恥恥恥
영 shame 중 耻 chǐ 일 恥 チ(はじ)

3단계 중학+고등
고사성어 故事成語 쓰기교본

Part III

3단계

● 일반대학 고사성어 ●
(고급 단계)

街談巷說　家藏什物　甘言利說
改過遷善　見物生心　孤軍奮鬪
管鮑之交　群鷄一鶴　錦衣還鄕
內憂外患　能小能大　大同小異
馬耳東風　名實相符　知彼知己
白骨難忘　靑山流水　不知其數
粉骨碎身　不俱戴天　因果應報

6급 苛斂誅求 가렴주구

가혹한 정치를 하거나 세금을 가혹하게 거두어들여 재물을 빼앗는다는 뜻으로, 혹정(酷政)을 가리킴.
㊤ 가정맹어호(苛政猛於虎)

| 苛 가혹할 가 | 苛苛苛苛苛苛苛苛 | 영 severe 중 苛 kē 일 カ(きびしい) |
| | 苛 苛 苛 苛 苛 | |

| 斂 거둘 렴 | 斂斂斂斂斂斂斂斂斂斂斂 | 영 gather 중 敛 liǎn 일 レン(おさめる) |
| | 斂 斂 斂 斂 斂 | |

| 誅 벨 주 | 誅誅誅誅誅誅誅誅誅誅 | 영 cut 중 诛 zhū 일 チュ,チュウ(ころす) |
| | 誅 誅 誅 誅 誅 | |

| 求 구할 구 | 求求求求求求求 | 영 obtain, get 중 求 qiú 일 キユウ(もとめる) |
| | 求 求 求 求 求 | |

1급 康衢煙月 강구연월

태평한 시대의 큰 길거리의 평화로운 풍경.

| 康 편안 강 | 康康康康康康康康康康 | 영 peaceful 중 康 kāng 일 コウ |
| | 康 康 康 康 康 | |

| 衢 네거리 구 | 衢衢衢衢衢衢衢衢衢衢衢 | 영 crossroad 중 衢 qú 일 ク(ちまだ) |
| | 衢 衢 衢 衢 衢 | |

| 煙 연기 연 | 煙煙煙煙煙煙煙煙煙煙 | 영 smoke 중 烟 yān 일 エン(けむり) |
| | 煙 煙 煙 煙 煙 | |

| 月 달 월 | 月月月月 | 영 moon 중 月 yuè 일 ゲツ(つき) |
| | 月 月 月 月 月 | |

蓋世之才 개세지재

온 세상을 뒤덮을 만한 재주. 또는 그런 재주를 가진 인재(人材).

蓋 덮을 개 — 영 lid 중 蓋 gài 일 盖 ガイ(ふた)

世 인간 세 — 영 generation 중 世 shì 일 セ·セイ(よ)

之 갈 지 — 영 go 중 之 zhī 일 シ(ゆく·これ)

才 재주 재 — 영 talent 중 才 cái 일 サイ(もちまえ·わざ)

乞骸骨 걸해골

몸은 임금에게 바친 것이지만 뼈만은 내려 주십시오. 늙은 신하가 사직을 청원함.

乞 빌 걸 — 영 beg 중 乞 qǐ 일 コツ(こう)

骸 뼈 해 — 영 skeleton 중 骸 hái 일 ガイ(ほね)

骨 뼈 골 — 영 bone 중 骨 gǔ 일 コツ(ほね)

1급 隔靴搔癢 격화소양

신을 신은 채 가려운 데를 긁는다는 뜻으로, 어떤 일을 하느라고 애를 쓰는데 성에 차지 않음의 비유하는 말.
⊕ 격화파양(隔靴爬癢), ⊖ 마고소양(麻姑搔癢)

한자	훈음	필순	영	중	일
隔	사이뜰 격	隔隔隔隔隔隔隔隔隔隔隔	separate	隔 gé	カク(へだたる)
靴	가죽신 화	靴靴靴靴靴靴靴靴靴靴靴靴	footgear	靴 xuē	カ(くつ)
搔	긁을 소	搔搔搔搔搔搔搔搔搔搔搔	scratch	搔 sāo	ソウ(かく)
癢	가려울 양	癢癢癢癢癢癢癢	itch	癢 yǎng	ヨウ(かさ)

3II급 犬兔之爭 견토지쟁

개와 토끼의 다툼이란 뜻으로, 두 사람의 싸움 끝에 아무 관계 없는 제삼자가 이익을 봄.

한자	훈음	필순	영	중	일
犬	개 견	犬犬犬犬	dog	犬 quǎn	ケン(いぬ)
兔	토끼 토	兔兔兔兔兔兔兔兔	rabbit	兔 tù	ト(うさぎ)
之	갈 지	之之之之	go	之 zhì	シ(ゆく・これ)
爭(争)	다툴 쟁	爭爭爭爭爭爭爭爭	fight	爭 zhēng	ソウ(あらそう)

巧言令色 교언영색

교묘한 말과 보기 좋게 꾸미는 얼굴빛이라는 뜻으로 겉치레만 할 뿐 성실하지 못한 태도.

巧 공교할 교 — skill, tactful / 巧 qiǎo / コウ(たくみ)

言 말씀 언 — talk / 言 yán / ゲン(こと)

令 하여금 령 — order / 令 lìng / レイ

色 색 색 — color / 色 sè / ショク(いろ)

口蜜腹劍 구밀복검

입에는 꿀을 바르고 뱃속에는 칼을 품는다는 뜻으로, 입으로 달콤한 말을 하면서 내심으로는 음해할 생각을 한다는 말.
유 면종복배(面從腹背), 표리부동(表裏不同)

口 입 구 — mouth / 口 kǒu / コウ(くち)

蜜 꿀 밀 — honey / 蜜 mì / ミツ(みつ)

腹 배 복 — belly / 腹 fù / フク(はら)

劍 칼 검 — sword / 劍 jiàn / ケン(つるぎ)

窮餘之策 궁여지책 _{3급}

궁한 끝에 나는 꾀라는 뜻으로, 막다른 처지에서 생각다 못해 내는 계책을 말함.
㊌ 궁여일책(窮餘一策)

窮 궁할 궁	窮窮窮窮窮窮窮窮窮窮窮窮	영 poor 중 穷 qióng 일 キュウ(きわまる)

餘 (余) 남을 여	餘餘餘餘餘餘餘餘餘餘餘餘	영 remain 중 余 yú 일 余 ヨ(あまる)

之 갈 지	之之之之	영 go 중 之 zhī 일 シ(ゆく·これ)

策 책략 책	策策策策策策策策策策策	영 plan 중 策 cè 일 サク(はかりごと)

克己復禮 극기복례 _{3급}

자기 자신을 극복하고, 예로 돌아간다는 뜻으로, 지나친 욕망을 누르고 예의범절을 좇게 한다는 뜻.
㊌ 극복(克復)

克 이길 극	克克克克克克克	영 overcome 중 克 kè 일 コク(かつ)

己 몸 기	己己己	영 self 중 己 jǐ 일 コ·キ(おのれ)

復 돌아올 복	復復復復復復復復復復	영 return 중 复 fù 일 フク(かえる)

禮 (礼) 예도 례	禮禮禮禮禮禮禮禮禮禮	영 courtesy 중 礼 lǐ 일 礼 レイ

錦衣還鄉 금의환향

출세나 성공을 해서 비단옷을 입고 고향에 돌아온다는 뜻으로, 입신출세(立身出世)한 후, 떳떳하게 고향에 돌아옴을 가리키는 말.
㊤ 금의주행(錦衣晝行)

錦 비단 금 — 영 silk 중 锦 jǐn 일 キン(にしき)

衣 옷 의 — 영 clothing 중 衣 yī 일 イ(ころも)

還 돌아올 환 — 영 return 중 还 huán 일 カン(かえる)

鄕 시골 향 — 영 country 중 乡 xiāng 일 郷 キョウ(さと)

騎虎之勢 기호지세

호랑이를 타고 가는 형세라는 뜻으로 호랑이를 타고 달리는 도중 내릴 수 없는 것처럼 그만 두거나 물릴 수 없는 상태.

騎 말탈 기 — 영 ride 중 骑 qí 일 キ(のる)

虎 범 호 — 영 tiger 중 虎 hǔ 일 コ(とら)

之 갈 지 — 영 go 중 之 zhī 일 シ(ゆく·これ)

勢 기세 세 — 영 force 중 势 shì 일 セイ(いきおい)

3단계 일반 대학 고사성어 | 173

2급 南柯之夢 남가지몽

당나라 소설 「남가태수전」에 실린, 남가군을 다스린 꿈이란 뜻으로, 한때의 헛된 부귀영화를 말함.
㊠ 일장춘몽(一場春夢), 남가일몽(南柯一夢)

| 南 남녘 남 | 南南南南南南南南南 | 영 south 중 南 nán 일 ナソ(みなみ) |

| 柯 가지 가 | 柯柯柯柯柯柯柯柯 | 영 branch 중 柯 kē 일 カ(えだ) |

| 之 갈 지 | 之之之之 | 영 go 중 之 zhī 일 シ(ゆく·これ) |

| 夢 꿈 몽 | 夢夢夢夢夢夢夢夢夢夢 | 영 dream 중 梦 mèng 일 ム(ゆめ) |

1급 南橘北枳 남귤북지

강남 땅의 귤나무를 강북에 옮겨 심으면 탱자로 변한다는 뜻으로, 사람은 환경에 따라 선하게도 악하게도 된다는 말.

| 南 남녘 남 | 南南南南南南南南南 | 영 south 중 南 nán 일 ナソ(みなみ) |

| 橘 귤나무 귤 | 橘橘橘橘橘橘橘橘橘橘橘 | 영 orange 중 橘 jú 일 キツ(みかん) |

| 北 북녘 북 | 北北北北北 | 영 north 중 北 běi 일 ホク(きた) |

| 枳 탱자나무 지 | 枳枳枳枳枳枳枳枳 | 영 hedge thorn 중 枳 zhǐ 일 キ(からたち) |

囊中之錐 낭중지추 [1급]

주머니 속의 송곳이란 뜻으로, 재능이 뛰어난 사람은 숨어 있어도 그 재능이 드러나게 된다는 말.
🟰 학립계군(鶴立鷄群), 추처낭중(錐處囊中)

囊 주머니 낭	囊囊囊囊囊囊囊囊囊囊囊	영 sack 중 囊 náng 일 ノウ(ふくろ)
中 가운데 중	中中中中	영 middle 중 中 zhōng 일 チユウ(なか)
之 갈 지	之之之之	영 go 중 之 zhī 일 シ(ゆく・これ)
錐 송곳 추	錐錐錐錐錐錐錐錐錐錐錐錐	영 gimlet 중 錐 zhuī 일 スイ(きり)

內憂外患 내우외환 [4급]

안팎으로 근심과 걱정이 있다는 뜻으로, 내우는 재앙·내란이며, 외환은 외적에 의한 불안과 환난으로 나라 안팎의 근심거리를 가리키는 말.
🟰 근우원려(近憂遠慮)

內 안 내	內內內內	영 inside 중 內 nèi 일 内 ナイ(うち)
憂 근심 우	憂憂憂憂憂憂憂憂憂憂憂	영 anxiety 중 忧 yōu 일 ユウ(うれえる)
外 바깥 외	外外外外外	영 outside 중 外 wài 일 ガイ(そと)
患 근심 환	患患患患患患患患患患	영 anxiety 중 患 huàn 일 カン(うれえる)

3단계 일반 대학 고사성어

*5급 論功行賞 논공행상

공을 따져 상을 준다'는 뜻으로, 공(功)이 있고 없음이나 크고 작음을 따져 거기에 알맞은 상을 준다는 말.
⊕ 신상필벌(信賞必罰), 상공(賞功)

論 논할 논	論論論論論論論論論論論論	영 discuss 중 论 lùn 일 ロン
功 공 공	功功功功功	영 merits 중 功 gōng 일 コウ(いさお)
行 다닐 행	行行行行行行	영 go 중 行 xíng 일 コウ(いく)
賞 상줄 상	賞賞賞賞賞賞賞賞賞賞賞賞	영 reward 중 赏 shǎng 일 ショウ(ほめる)

*2급 累卵之危 누란지위

쌓아올린(포개 놓은) 새알이라는 뜻으로, 쌓아올린 새알처럼 매우 불안정하고 위험한 상태를 말함.
⊕ 누란지세(累卵之勢), 위여누란(危如累卵)

累 포갤 누	累累累累累累累累累累累	영 pile up 중 累 lěi 일 ルイ(しばる)
卵 알 란	卵卵卵卵卵卵卵	영 egg 중 卵 luǎn 일 ラン(たまご)
之 갈 지	之之之之	영 go 중 之 zhī 일 シ(ゆく・これ)
危 위험할 위	危危危危危危	영 danger 중 危 wēi 일 キ

多岐亡羊 다기망양

갈림길이 많아 양을 잃는다는 뜻으로, 학문의 길이 다방면으로 갈라져 있어 어느 것을 택할지 망설이게 된다는 말.
㈜ 망양지탄(亡羊之嘆), 기로망양(岐路亡羊)

多 많을 다	영 many 중 多 duō 일 タ(おおい)
岐 갈림길 기	영 forked road 중 岐 qí 일 キ(えだみち)
亡 잃을 망	영 be ruined 중 亡 wáng 일 ボウ(ほろぶ)
羊 양 양	영 sheep 중 羊 yáng 일 ヨウ(ひつじ)

簞食瓢飲 단사표음

대그릇의 밥과 표주박의 물이라는 뜻으로, 좋지 못한 적은 음식.
㈜ 簞瓢陋巷(단표누항)

簞 도시락 단	영 bamboo basket 중 簞 dān 일 タン(ひさご)
食 밥 사	영 food, eat 중 食 shí 일 ショク(たべる)
瓢 바가지 표	영 gourd 중 piáo 일 ヒョウ(ふくべ)
飮 음	영 drink 중 飮 yǐn 일 イン(のむ)

3단계 일반 대학 고사성어 | **177**

斷腸 단장

창자가 끊어지는 듯하게 견딜 수 없는 심한 슬픔이나 괴로움.

斷 끊을 단 — cut off / 断 duàn / 断 ダン(たつ)

腸 창자 장 — intestines / 肠 cháng / チョウ(はらわた)

黨同伐異 당동벌이

일의 옳고 그름을 가리지 않고, 뜻이 맞는 사람끼리는 한패가 되고 그렇지 않은 사람은 물리친다는 말.

黨 무리 당 — party / 党 dǎng / 党 トウ(とも)

同 같을 동 — same / 同 tóng / トウ(おなじ)

伐 칠 벌 — attack / 伐 fá / バツ(うつ)

異 다를 이 — different / 异 yì / イ(ことなる)

蟷螂拒轍 당랑거철 [1급]

사마귀가 앞발을 들어 수레를 막는다는 뜻으로, 제 분수도 모르고 강한 적에게 덤벼든다는 말.

한자	필순	영/중/일
蟷 사마귀 당	蟷蟷蟷蟷蟷蟷蟷蟷蟷蟷蟷蟷	영 mantis 중 螳 táng 일 トウ(かまきり)
螂 사마귀 랑	螂螂螂螂螂螂螂螂螂	영 mantis 중 螂 láng 일 ロウ(かまきり)
拒 막을 거	拒拒拒拒拒拒拒拒	영 refuse 중 拒 jù 일 キョ(こばむ)
轍 바퀴자국 철	轍轍轍轍轍轍轍轍轍轍轍	영 wheel-marks 중 辙 zhé 일 テツ(わだち)

桃園結義 도원결의 [1급]

복숭아 동산에서 유비·관우·장비가 의형제를 맺었다는 뜻으로, 서로 의기투합해서 함께 사업이나 일을 추진함을 비유하는 말.
유 결의형제(結義兄弟)

한자	필순	영/중/일
桃 복숭아 도	桃桃桃桃桃桃桃桃桃桃	영 peach 중 桃 táo 일 チョウ(いどむ)
園 동산 원	園園園園園園園園園園	영 garden 중 园 yuán 일 エン(その)
結 맺을 결	結結結結結結結結結	영 join·tie 중 结 jié 일 ケツ(むすぶ)
義 옳을 의	義義義義義義義義義義義	영 righteous 중 义 yì 일 ギ(よし)

3단계 일반 대학 고사성어 | 179

3급 道聽塗說 도청도설

길거리에 떠돌아다니는 뜬소문.

㉠ 流言蜚語(유언비어)

| 道 길 도 | 道道道道道道道道道道道道 | 영 road 중 道 dào 일 ドウ(みち) |

| 聽(聴) 들을 청 | 聽聽聽聽聽聽聽聽聽聽聽 | 영 listen 중 聽 tīng 일 聴 テイ(きく) |

| 塗 진흙 도 | 塗塗塗塗塗塗塗塗塗塗塗塗塗 | 영 mud 중 涂 tú 일 ト(ぬる) |

| 說 말씀 설 | 說說說說說說說說說說說說說 | 영 speak 중 说 shuō 일 セツ(とく) |

3급 塗炭之苦 도탄지고

진흙 속에 빠지고 숯불에 타는 듯한 고생이란 뜻으로, 민생고가 극심한 지경에 이른 상황을 비유하는 말.

㉠ 도탄(塗炭)에 빠졌다.

| 塗 진흙 도 | 塗塗塗塗塗塗塗塗塗塗塗塗塗 | 영 mud 중 涂 tú 일 ト(ぬる) |

| 炭 숯 탄 | 炭炭炭炭炭炭炭炭炭 | 영 charcoal 중 炭 tàn 일 タン(すみ) |

| 之 갈 지 | 之之之之 | 영 go 중 之 zhī 일 シ(ゆく·これ) |

| 苦 쓸 고 | 苦苦苦苦苦苦苦苦苦 | 영 bitter 중 苦 kǔ 일 ク(くるしい) |

同病相憐 동병상련 [2급]

같은 병자끼리 불쌍히 여긴다는 뜻으로, 어려운 처지에 놓인 사람들끼리 서로를 돕는다는 말.
ⓤ 오월동주(吳越同舟), 초록동색(草綠同色)

한자	쓰기	영	중	일
同 (같을 동) [소]	同同同同同同	same	同 tóng	トウ(おなじ)
病 (병들 병)	病病病病病病病病病病	illness	病 bìng	ビョウ(やむ)
相 (서로 상)	相相相相相相相相	mutually	相 xiàng	ショウ(あい)
憐 (불쌍히 여길 련)	憐憐憐憐憐憐憐憐憐憐憐憐憐憐憐	pity	怜 lián	レン(あわれむ)

同床異夢 동상이몽 [3급]

같은 침상에서 서로 다른 꿈을 꾼다는 뜻으로, 겉으로는 같이 행동하면서 속으로는 각기 딴 생각을 함. 여주원 회비서를 비유하는 말.
ⓤ 동상각몽(同床各夢)

한자	쓰기	영	중	일
同 (같을 동) [소]	同同同同同同	same	同 tóng	トウ(おなじ)
床 (평상 상)	床床床床床床床	bed	床 chuáng	ショウ(ゆか)
異 (다를 이)	異異異異異異異異異異異	different	异 yì	イ(ことなる)
夢 (꿈 몽) [梦]	夢夢夢夢夢夢夢夢夢夢	dream	梦 mèng	ム(ゆめ)

3단계 일반 대학 고사성어 | 181

登高自卑 등고자비

높은 곳에 오르려면 낮은 곳에서부터 시작해야 한다는 뜻으로, 지위가 높아질수록 스스로를 낮추는 것을 가리킴.
㊌ 천리길도 한 걸음부터

登 오를 등	登登登登登登登登登登登登	영 climb 중 登 dēng 일 ト・トウ(のぼる)
高 높을 고	高高高高高高高高高高	영 high 중 高 gāo 일 コウ(たかい)
自 스스로 자	自自自自自自	영 self 중 自 zì 일 シ・ジ(みずから)
卑 낮을 비	卑卑卑卑卑卑卑卑	영 low 중 卑 bēi 일 ヒ(いやしい)

麻中之蓬 마중지봉

구부러진 쑥도 삼밭에 나면 자연히 꼿꼿하게 자란다는 뜻으로, 환경에 따라 악도 선도 고쳐진다.

麻 삼 마	麻麻麻麻麻麻麻麻麻麻	영 hemp 중 麻 má 일 マ(あさ)
中 가운데 중	中中中中	영 middle 중 中 zhōng 일 チュウ(なか)
之 갈 지	之之之之	영 go 중 之 zhī 일 シ(ゆく・これ)
蓬 쑥 봉	蓬蓬蓬蓬蓬蓬蓬蓬蓬蓬蓬	영 mugwort 중 蓬 péng 일 ホウ(よもぎ)

1급 輓歌 만가

상여를 메고 갈 때 부르는 노래라는 뜻으로, 혹은 죽은 사람을 애도하는 노래.

| 輓 수레 끌 만 | 輓輓輓輓輓輓輓輓輓輓輓 | 영 pull a waggon 중 輓 wǎn 일 バン(ひく) |

| 歌 노래 가 | 歌歌歌哥哥哥哥哥歌歌歌 | 영 song 중 歌 gē 일 カ(うた) |

3II급 盲人摸象 맹인모상

소경이 코끼리를 더듬는다는 뜻으로, 일부만 알고 전체를 판단하는 좁은 소견을 일컫는 말.

| 盲 소경 맹 | 盲盲盲盲盲盲盲盲 | 영 blind 중 盲 máng 일 ボウ(めくら) |

| 人 사람 인 | 人人 | 영 person 중 人 rén 일 ジン・ニン(ひと) |

| 摸 본뜰 모 | 摸摸摸摸摸摸 | 영 imitate 중 摸 mō 일 ボ(うつす) |

| 象 코끼리 상 | 象象象象象象象象象象 | 영 elephant 중 象 xiàng 일 ショウ(ぞう) |

3급 名實相符 명실상부

이름과 실상이 서로 꼭 들어맞고, 알려진 것과 실제의 상황이나 능력에 차이가 없음을 뜻함.

반 명실상반(名實相反)

| 名 이름 명 | 名名名名名名 | 영 name 중 名 míng 일 メイ(な) |

| 實 (実) 열매 실 | 實實實實實實實實實實 | 영 fruit 중 实 shí 일 実 ジツ(みのる) |

| 相 서로 상 | 相相相相相相相相相 | 영 mutually 중 相 xiàng 일 ショウ(あい) |

| 符 부호 부 | 符符符符符符符符符符 | 영 mark 중 符 fú 일 フ |

2급 矛盾 모순

말이나 행동의 앞뒤가 서로 일치되지 아니함.

동 二律背反(이율배반) 自家撞着(자가당착)

| 矛 창 모 | 矛矛矛矛矛 | 영 spear 중 矛 máo 일 ボウ(ほこ) |

| 盾 방패 순 | 盾盾盾盾盾盾盾盾盾 | 영 shield 중 盾 dùn 일 ジュン(たて) |

刎頸之交 문경지교 [1급]

목을 벨 수 있는 벗이라는 뜻으로, 생사를 함께 할 수 있는 소중한 친구를 말함.

(유) 관포지교(管鮑之交), 금석지교(金石之交)

刎 목자를 문	영 behead	중 刎 wěn	일 フン(はねる)
頸 목 경	영 neck	중 頸 jǐng	일 ケイ(くび)
之 갈 지	영 go	중 之 zhì	일 シ(ゆく・これ)
交 사귈 교	영 associate	중 交 jiāo	일 コウ(まじわる)

門前成市 문전성시 [5급]

대문 앞이 시장을 이룬다는 뜻으로, 찾아오는 손님이 많음을 이루는 말.

(유) 문정여시(門庭如市)　(반) 문외작라(門外雀羅)

門 문 문	영 door	중 门 mén	일 モン(かど)
前 앞 전	영 front	중 前 qián	일 ゼン(まえ)
成 이룰 성	영 accomplish	중 成 chéng	일 セイ(なる)
市 저자 시	영 market	중 市 shì	일 シ(いち)

3단계 일반 대학 고사성어

勿失好機 물실호기

좋은 기회를 놓치지 않음.

勿 말 물
勿勿勿勿
영 don't 중 勿 wù 일 フツ(なかれ)

失 잃을 실
失失失失失
영 lose 중 失 shì 일 シツ(うしなう)

好 좋을 호
好好好好好好
영 like, love 중 好 hǎo, hào 일 コウこのむ・すく

機 틀 기
機機機機機機機機機機機機
영 machine 중 机 jī 일 キ(はた)

彌縫策 미봉책

꿰매어 깁는 계책이라는 뜻으로, 결점이나 실패를 덮어 발각되지 않게 이리 저리 주선하여 맞추기만 하는 계책.

彌(弥) 꿰맬 미
彌彌彌彌彌彌彌彌彌彌彌
영 all around 중 弥 mí 일 弥 ミ(あまねし)

縫 꿰맬 봉
縫縫縫縫縫縫縫縫縫縫縫
영 sew 중 缝 féng 일 ホウ(ぬう)

策 책략 책
策策策策策策策策策策策
영 plan 중 策 cè 일 サク(はかりごと)

密雲不雨 밀운불우 [4II급]

구름은 잔뜩 끼었지만 비는 오지 않는다는 뜻으로, 모든 조건은 갖추어졌는데 일은 성사되지 않고 있음.

密 빽빽할 밀 — 영 thick, secrecy / 중 密 mì / 일 ミツ(ひそか)

雲 구름 운 — 영 cloud / 중 云 yún / 일 ウン(くも)

不 아닐 불 — 영 not / 중 不 bù / 일 フ·ブ

雨 비 우 — 영 rain / 중 雨 yǔ / 일 ウ(あめ)

拔山蓋世 발산개세 [3II급]

산을 뽑고, 세상을 덮을 만한 기상으로, 아주 뛰어난 기운. 또는 놀라운 기상.

拔 뽑을 발 — 영 pull out / 중 拔 bá / 일 バシ(ぬく)

山 메 산 — 영 mountain / 중 山 shān / 일 サン(やま)

蓋 (盖) 덮을 개 — 영 lid / 중 蓋 gài / 일 蓋 ガイ(ふた)

世 인간 세 — 영 generation / 중 世 shì / 일 セ·セイ(と)

3단계 일반 대학 고사성어

2급 傍若無人 방약무인

곁에 사람이 없는 것과 같다는 뜻으로, 곁에 사람이 없는 것처럼 아무 거리낌 없이 함부로 말하고 행동함을 말함.

유 오안불손(傲岸不遜), 안중무인(眼中無人)

| 傍 곁 방 | 傍傍傍傍傍傍傍傍傍傍 | 영 beside 중 傍 páng 일 ボウ(かたわら) |

| 若 같을 약 | 若若若若若若若若若 | 영 same 중 若 ruò 일 ジャク(ごとし) |

| 無 (无) 없을 무 | 無無無無無無無無無無無無 | 영 nothing 중 无 wú 일 ム(ない) |

| 人 사람 인 | 人人 | 영 person 중 人 rén 일 ジン·ニン(ひと) |

3급 杯中蛇影 배중사영

잔 속에 비친 뱀의 그림자라는 뜻으로, 아무것도 아닌 일에 의심을 품고 걱정함.

유 杞憂(기우)

| 杯 잔 배 | 杯杯杯杯杯杯杯杯 | 영 cup 중 杯 bēi 일 ハイ(さかずき) |

| 中 가운데 중 | 中中中中 | 영 middle 중 中 zhōng 일 チュウ(なか) |

| 蛇 뱀 사 | 蛇蛇蛇蛇蛇蛇蛇蛇蛇蛇 | 영 snake 중 蛇 shé 일 ジャ(へび) |

| 影 그림자 영 | 影影影影影影影影影影影 | 영 shadow 중 影 yǐng 일 エイ(かげ) |

百尺竿頭 백척간두 [1급]

백 자나 되는 높은 장대 끝이라는 뜻으로, 높은 장대 끝에 오른 것처럼 매우 위태롭고 어려운 상황을 말함.
⟨유⟩ 간두지세(竿頭之勢), 누란지세(累卵之勢)

| 百 일백 백 | 百百百百百百 | 영 hundred 중 百 bǎi 일 ヒャク(もも) |

| 尺 자 척 | 尺尺尺尺 | 영 ruler 중 尺 chǐ 일 シャク(ものさし) |

| 竿 장대 간 | 竿竿竿竿竿竿竿竿竿 | 영 pole 중 竿 gān 일 カン(さお) |

| 頭 머리 두 | 頭頭頭頭頭頭頭頭頭頭頭頭頭頭頭頭 | 영 head 중 头 tóu 일 トウ(あたま) |

封庫罷職 봉고파직 [3급]

부정을 저지른 관리를 파면(罷免)시키고 관고(官庫)를 봉하여 잠그는 일.

| 封 봉할 봉 | 封封封封封封封封封 | 영 close 중 封 fēng 일 ホウ(とじる) |

| 庫 곳집 고 | 庫庫庫庫庫庫庫庫庫庫 | 영 warehouse 중 库 kù 일 コ(くら) |

| 罷 마칠 파 | 罷罷罷罷罷罷罷罷罷罷罷 | 영 discontinue 중 罷 bà 일 ハイ(やめ) |

| 職 직분 직 | 職職職職職職職職職職 | 영 work 중 職 zhí 일 ショク(しごと) |

3단계 일반 대학 고사성어 | 189

2급 釜中之魚 부중지어
가마솥 안에 든 고기라는 뜻으로, 목숨이 위급한 처지에 있음을 비유하는 말.

釜 가마솥 부 — 영 cauldron | 중 釜 fǔ | 일 フ(かま)

中 가운데 중 — 영 middle | 중 中 zhōng | 일 チユウ(なか)

之 갈 지 — 영 go | 중 之 zhì | 일 シ(ゆく·これ)

魚 물고기 어 — 영 fish | 중 鱼 yú | 일 ギョ(さかな)

2급* 焚書坑儒 분서갱유
책을 불사르고 선비를 구덩이에 파묻는다는 뜻으로, 진나라의 시황제가 책을 불태우고 학자를 생매장한 사건을 가리킴.
유) 갱유분서(坑儒焚書), 진화(秦火)

焚 불사를 분 — 영 burn | 중 焚 fén | 일 フン(やく)

書 글 서 — 영 write, book | 중 书 shū | 일 ショ(ふみ)

坑 구덩이 갱 — 영 hole | 중 阬 kēng | 일 コウ(あな)

儒 선비 유 — 영 scholar | 중 儒 rú | 일 ジュ

不俱戴天 불구대천

함께 하늘을 받들 수 없는 원수 사이라는 뜻으로, 세상을 함께 살 수 없을 정도의 원수를 가리킴.
유 불공재천(不共戴天)

| 不 아닐 불 | 不不不不 | 영 not 중 不 bù 일 フ・ブ |

| 俱 함께 구 | 俱俱俱俱俱俱俱俱俱 | 영 together 중 俱 jù 일 グ(ともに) |

| 戴 일 대 | 戴戴戴戴戴戴戴戴戴戴戴戴 | 영 carry on 중 戴 dài 일 タイ(いただく) |

| 天 하늘 천 | 天天天天 | 영 heaven 중 天 tiān 일 テン(そら) |

悲憤慷慨 비분강개

슬프고 분한 마음을 느낀다는 뜻으로, 의롭지 못하거나 잘못되어 가는 일에 대해 슬프고 분한 마음을 느낀다는 말.
유 비가강개(悲歌慷慨), 함분축원(含憤蓄怨)

| 悲 슬플 비 | 悲悲悲悲悲悲悲悲悲悲悲 | 영 sad 중 悲 bēi 일 ヒ(かなしい) |

| 憤 분할 분 | 憤憤憤憤憤憤憤憤憤憤憤憤 | 영 indignant 중 愤 fèn 일 フン(いきどおる) |

| 慷 슬플 강 | 慷慷慷慷慷慷慷慷慷慷慷 | 영 sorrowful 중 慷 kāng 일 コウ(なげく) |

| 慨 슬플 개 | 慨慨慨慨慨慨慨慨慨慨 | 영 sad 중 慨 kǎi 일 ガイ(なげく) |

3단계 일반 대학 고사성어 | 191

1급 髀肉之嘆 비육지탄

영웅이 전쟁에 나가지 못하고 넓적다리만 살찜을 한탄한다는 뜻으로, 곧 성공하지 못하고 한갓 세월만 보내는 일을 탄식함을 말함.
⊕ 비리생육(髀裏生肉)

髀 넓적다리 비	髀髀髀髀髀髀髀髀髀髀	영 thigh 중 髀 pí 일 ヒ(ひぞう)
肉 고기 육	肉肉肉肉肉肉	영 meat 중 肉 ròu 일 ニク(しし)
之 갈 지	之之之之	영 go 중 之 zhī 일 シ(ゆく·これ)
嘆 탄식할 탄	嘆嘆嘆嘆嘆嘆嘆嘆嘆嘆嘆嘆	영 sigh 중 叹 tàn 일 タン(なげく)

3급 氷炭之間 빙탄지간

얼음처럼 흰 것과 숯처럼 검은 것의 사이라는 뜻으로, 서로 화합할 수 없는 사이.

氷 얼음 빙	氷氷氷氷氷	영 ice 중 冰 bīng 일 ヒョウ(こおり)
炭 숯 탄	炭炭炭炭炭炭炭炭炭	영 charcoal 중 炭 tàn 일 タン(すみ)
之 갈 지	之之之之	영 go 중 之 zhī 일 シ(ゆく·これ)
間 사이 간	間間間間間間間間間間	영 gap 중 间 jiān 일 カン(あいだま)

四端 사단

측은(惻隱), 수오(羞惡), 사양(辭讓), 시비(是非)의 네 마음.

| 四 넉 사 | 四四四四四 | 영 four 중 四 sì 일 シ(よ・よつ) |

| 端 끝 단 | 端端端端端端端端端端 | 영 end 중 端 duān 일 タン(は・はし) |

三顧草廬 삼고초려

초가집을 세 번 찾아간다는 뜻으로, 유비가 제갈공명을 군사로 맞아들이기 위하여 세 번 찾아간 데서 유래하였다.
유 군신수어(君臣水魚), 수어지교(水魚之交)

| 三 석 삼 | 三三三 | 영 three 중 三 sān 일 サン(みっつ) |

| 顧 돌아볼 고 | 顧顧顧顧顧顧顧顧顧 | 영 look after 중 顾 gù 일 コ(かえりみる) |

| 草 풀 초 | 草草草草草草草草草 | 영 grass 중 草 cǎo 일 ソウ(くさ) |

| 廬 오두막집 려 | 廬廬廬廬廬廬廬廬廬廬廬 | 영 farmer's hut 중 庐 lú 일 リョ(かりや) |

桑田碧海 상전벽해

뽕나무 밭이 바다로 변한다는 뜻으로, 세상일이 덧없이 변천함을 이르는 말.
㊌ 창해상전(滄海桑田), 상해지변(桑海之變)

| 桑 뽕나무 상 | 桑桑桑桑桑桑桑桑桑 | 영 mulberry 중 桑 sāng 일 ソウ(くわ) |

| 田 밭 전 | 田田田田田 | 영 field 중 田 tián 일 デン(た) |

| 碧 푸를 벽 | 碧碧碧碧碧碧碧碧碧碧碧 | 영 blue 중 碧 bì 일 ヘキ(あおい) |

| 海 바다 해 | 海海海海海海海海海 | 영 sea 중 海 hǎi 일 カイ(うみ) |

首丘初心 수구초심

여우가 죽을 때는 자기가 살던 언덕 쪽으로 머리를 향한다는 뜻으로, 고향을 그리는 마음을 비유한 말.
㊌ 호사수구(狐死首丘), 호마망북(胡馬望北)

| 首 머리 수 | 首首首首首首首首首 | 영 head 중 首 shǒu 일 シュ(くび) |

| 丘 언덕 구 | 丘丘丘丘丘 | 영 hill 중 丘 qiū 일 キュウ(おか) |

| 初 처음 초 | 初初初初初初初 | 영 beginning 중 初 chū 일 ショ(はつ) |

| 心 마음 심 | 心心心心 | 영 heart 중 心 xīn 일 シン(こころ) |

漱石枕流 수석침류 [1급]

돌로 양치질하고 흐르는 물을 베개 삼는다는 뜻으로, 말을 잘못해 놓고 그럴 듯하게 꾸며대는 것. 또는 이기려고 하는 고집이 셈.

漱 양치할 수 — 영 rinse the mouth / 중 shù / 일 ソウ(くちすすぐ)

石 돌 석 — 영 stone / 중 石 shí / 일 セキ(いし)

枕 베개 침 — 영 pillow / 중 zhěn / 일 シン(まくら)

流 흐를 유(류) — 영 flow / 중 流 liú / 일 リュウ(ながれる)

水滴穿石 수적천석 [1급]

물방울이 돌을 뚫는다는 뜻으로, 적은 노력도 계속하면 큰일을 이룩할 수 있음을 일컫는 말.

水 물 수 — 영 water / 중 水 shuǐ / 일 スイ(みず)

滴 물방울 적 — 영 drop of water / 중 滴 dī / 일 テキ(したたる)

穿 뚫을 천 — 영 dig / 중 穿 chuān / 일 セン(うがつ)

石 돌 석 — 영 stone / 중 石 shí / 일 セキ(いし)

阿鼻叫喚 아비규환 [1급]

아비지옥과 규환지옥이라는 뜻으로, 고통 속에서 헤어나려 울부짖고 괴로워하는 상황을 말함.
⊕ 아비지옥(阿鼻地獄), 규환지옥(叫喚地獄)

| 阿 언덕 아 | 阿阿阿阿阿阿阿阿 | 영 hill | 중 阿 ē | 일 ア(おか) |

| 鼻 코 비 | 鼻鼻鼻鼻鼻鼻鼻鼻鼻鼻鼻鼻鼻鼻 | 영 nose | 중 鼻 bí | 일 ゼ(はな) |

| 叫 울부짖을 규 | 叫叫叫叫叫 | 영 cry | 중 叫 jiào | 일 キユウ(さけぶ) |

| 喚 부를 환 | 喚喚喚喚喚喚喚喚喚喚喚喚 | 영 call | 중 喚 huàn | 일 カン(よぶ) |

阿修羅場 아수라장 [3Ⅱ급]

아수라가 제석천(帝釋天)을 상대로 싸우는 곳이라는 뜻으로, 모진 싸움으로 처참하게 된 곳이라는 말.

| 阿 언덕 아 | 阿阿阿阿阿阿阿阿 | 영 hill | 중 阿 ē | 일 ア(おか) |

| 修 닦을 수 | 修修修修修修修修修 | 영 cultivate | 중 修 xiū | 일 シュウ(おさめる) |

| 羅 그물 라 | 羅羅羅羅羅羅羅羅羅羅 | 영 net | 중 罗 luó | 일 ラ |

| 場 마당 장 | 場場場場場場場場場場場 | 영 place, spot | 중 场 chǎng | 일 ジョウ(ば) |

野壇法席 야단법석 [5급]

불교에서 야외에서 베푸는 강좌라는 뜻으로, 부처님의 설법을 듣고자 온 사람들이 매우 많아 북적거린다는 말.

한자	쓰기	영	중	일
野 들 야	野野野野野野野野野野野 / 野野野野野	field	野 yě	ヤ(の)
壇 단 단	壇壇壇壇壇壇壇壇壇壇 / 壇壇壇壇壇	altar	坛 tán	ダン(だん)
法 법 법	法法法法法法法法 / 法法法法法	law	法 fǎ	ホウ(のり)
席 자리 석	席席席席席席席席席 / 席席席席席	seat	席 xí	セキ(むしろ·せき)

良禽擇木 양금택목 [3II급]

현명한 새는 나무를 가려 앉는다는 뜻으로, 똑똑한 사람은 훌륭한 사람을 가려서 섬긴다는 말.

한자	쓰기	영	중	일
良 좋을 양(량)	良良良良良良 / 良良良良良	good	良 liáng	リョウ(かて)
禽 날짐승 금	禽禽禽禽禽禽禽禽禽禽禽禽 / 禽禽禽禽禽	birds	禽 qín	キン(とり)
擇 (択) 가릴 택	擇擇擇擇擇擇擇擇擇擇 / 擇擇擇擇擇	select	择 zé	択 タク(えらぶ)
木 나무 목	木木木木 / 木木木木木	tree	木 mù	ボク(き)

3단계 일반 대학 고사성어 | 197

2급 梁上君子 양상군자

대들보 위의 군자라는 뜻으로, 도둑을 빗대어 일컫거나 천정의 쥐를 재미있게 표현한 말.
㊤ 녹림호걸(綠林豪傑), 무본대상(無本大商)

| 梁 들보 양 | 梁梁梁梁梁梁梁梁梁梁梁 | 영 crossbeam 중 梁 liáng 일 リョウ(おおあわ) |

| 上 위 상 | 上上上 | 영 upper 중 上 shàng 일 ジョウ(うえ) |

| 君 임금 군 | 君君君君君君君 | 영 king 중 君 jūn 일 クン(きみ) |

| 子 아들 자 | 子子子 | 영 son 중 子 zǐ, zi 일 シ(むすこ) |

4급 完璧 완벽

흠이 없는 구슬이라는 뜻으로, 결점이 없이 훌륭함.
(史記, 藺相如傳)

| 完 완전할 완 | 完完完完完完完 | 영 perfect 중 wán 일 カン(まったし) |

| 璧 구슬 벽 | 璧璧璧璧璧璧璧璧璧璧璧 | 영 round jade 중 bì 일 ヘキ(しるしたま) |

3급 雲泥之差 운니지차

구름과 진흙의 차이라는 뜻으로, 서로의 차이가 퍽 심함, 또는 퍽 심한 차이를 일컫는 말.
㈜ 天壤之差(천양지차), 天壤之判(천양지판), 天壤懸隔(천양현격)

雲 구름 운	雲雲雲雲雲雲雲雲雲雲雲雲	영 cloud 중 云 yún 일 ウン(くも)
泥 진흙 니(이)	泥泥泥泥泥泥泥	영 mud 중 泥 hí 일 デイ(どろ)
之 갈 지	之之之之	영 go 중 之 zhī 일 シ(ゆく·これ)
差 다를 차	差差差差差差差差差	영 difference 중 差 chā 일 サ(さす)

4II급 月下氷人 월하빙인

달 아래 늙은이와 얼음 밑에 있는 사람이라는 뜻으로, 월하로와 빙상인이 합쳐진 말로 중매인(中媒人)을 가리킴.
㈜ 월하노인(月下老人), 중매인(中媒人)

月 달 월	月月月月	영 moon 중 月 yuè 일 ゲツ(つき)
下 아래 하	下下下	영 below 중 下 xià 일 カ(した)
氷 얼음 빙	氷氷氷氷氷	영 ice 중 冰 bīng 일 ヒョウ(こおり)
人 사람 인	人人	영 person 중 人 rén 일 ジン·ニン(ひと)

泣斬馬謖 읍참마속 [1급]

울면서 마속의 목을 벤다는 뜻으로, 군율을 세우기 위해서는 사랑하고 아끼는 사람도 버린다는 말.

유) 일벌백계(一罰百戒)

| 泣 울 읍 | 泣泣泣泣泣泣泣泣 | 영 weep 중 泣 qì 일 リユウ(なく) |

| 斬 벨 참 | 斬斬斬斬斬斬斬斬斬斬斬 | 영 cut 중 斩 zhǎn 일 ザン(きる) |

| 馬 말 마 | 馬馬馬馬馬馬馬馬馬馬 | 영 horse 중 马 mǎ 일 バ(うま) |

| 謖 일어날 속 | 謖謖謖謖謖謖謖謖謖謖謖 | 영 raise 중 谡 sù 일 シュク(たつ) |

離合集散 이합집산 [1급]

헤어졌다가 모였다가 하는 일이라는 뜻으로, 집단이나 개인의 이익에 따라 뭉치고 흩어짐을 뜻하는 말.

유) 합종연횡(合從連行)

| 離 떠날 이 | 離離離離離離離離離離離離 | 영 surely 중 离 lí 일 リ(はなれる) |

| 合 합할 합 | 合合合合合合 | 영 unite 중 合 hé 일 ゴウ(あう) |

| 集 모을 집 | 集集集集集集集集集集 | 영 assemble 중 集 jí 일 シュウ(あつまる) |

| 散 흩어질 산 | 散散散散散散散散散散散 | 영 scatter 중 散 sǎn 일 サン(ちらす) |

益者三友 익자삼우
사귀어 유익한 세 가지 유형의 벗. 곧, 정직한 벗, 신의가 있는 벗, 지식이 많은 벗.

益 더할 익 [4II급]	益益益益益益益益益益	영 increase / 중 益 yì / 일 エキ(ます)
者 놈 자	者者者者者者者者者	영 person, man / 중 者 zhě / 일 シャ(もの)
三 석 삼	三三三	영 three / 중 三 sān / 일 サン(みっつ)
友 벗 우	友友友友	영 friend / 중 友 yǒu / 일 コウ(とも)

自家撞着 자가당착 [1급]
자신이 친 것이 그대로 자신에게 붙는다는 뜻으로, 같은 사람의 언행이 앞뒤가 맞지 않아 전후가 모순됨을 말함.
유 모순당착(矛盾撞着), 이율배반(二律背反)

自 스스로 자	自自自自自自	영 self / 중 自 zì / 일 シジ(みずから)
家 집 가	家家家家家家家家家家	영 house / 중 家 jiā / 일 カ·ケ(いえ)
撞 칠 당	撞撞撞撞撞撞撞撞撞撞撞撞	영 hit / 중 撞 zhuàng / 일 トウ(つく)
着 붙을 착	着着着着着着着着着着着	영 attach / 중 着 zháo / 일 チャク(きる)

自繩自縛 자승자박 [1급]

자기가 꼰 새끼로 자기를 묶는다는 뜻으로, 스스로의 언행 때문에 자신이 얽매이게 된다는 말.

유 자가당착(自家撞着)

自 자기 자 — 영 self 중 自 zì 일 シ／ジ(みずから)

繩 줄 승 — 영 rope 중 繩 shéng 일 ジョウ(なわ)

自 자기 자 — 영 self 중 自 zì 일 シ／ジ(みずから)

縛 얽을 박 — 영 enwreathe 중 缚 bó 일 ハク(かた)

輾轉反側 전전반측 [3II급]

누워서 몸을 이리저리 뒤척이며 잠을 이루지 못한다는 뜻.

輾 돌 전 — 영 turn on one's side 중 輾 zhǎn 일 テン(まろぶ)

轉 구를 전 — 영 roll 중 转 zhuǎn 일 転 テン(ころぶ)

反 돌이킬 반 — 영 return 중 反 fǎn 일 ハン(そる)

側 곁 측 — 영 side 중 侧 cè 일 ソク(かたはら)

漸入佳境 점입가경 [3급]

갈수록 멋진 경치가 나온다는 뜻으로, 일이 진척될수록 상황이 점점 재미있어진다는 말.

⊕ 자경(蔗境), 가경(佳境)

漸 차차 점	漸漸漸漸漸漸漸漸漸漸漸漸漸 漸 漸 漸 漸 漸	영 gradually 중 店 jiàn 일 ゼン
入 빠져들 입	入入 入 入 入 入 入	영 enter 중 入 rù 일 ニュウ(いる)
佳 아름다울 가	佳佳佳佳佳佳佳佳 佳 佳 佳 佳 佳	영 beautiful 중 佳 jiā 일 カ
境 지경 경	境境境境境境境境境境境境境境 境 境 境 境 境	영 boundary 중 境 jìng 일 キョウ(さかい)

座右銘 좌우명 [3II급]

늘 자리 옆에 갖추어 두고 생활의 지침으로 삼는 말이나 문구를 말함.

座 자리 좌	座座座座座座座座座 座 座 座 座 座	영 seat 중 座 zuò 일 ザ(すわる ところ)
右 오른 우	右右右右右 右 右 右 右 右	영 right 중 右 yòu 일 ユウ(みぎ)
銘 새길 명	銘銘銘銘銘銘銘銘銘銘銘銘銘銘 銘 銘 銘 銘 銘	영 engrave 중 铭 míng 일 メイ

珍羞盛饌 진수성찬 [1급]

진귀한 음식과 성대한 반찬이라는 뜻으로, 썩 좋은 맛과 맛 좋은 음식이나 보기 드물게 잘 차려진 좋은 음식을 가리키는 말. 산해진미(山海珍味), 고량진미(膏粱珍味)

珍 보배 진 — 영 treasure 중 珍 zhēn 일 チン(めずらしい)

羞 음식 수 — 영 food 중 羞 xiū 일 シュウ(はじる)

盛 성할 성 — 영 thriving 중 盛 shèng 일 セイ(さかり)

饌 반찬 찬 — 영 side dish 중 饌 zhuàn 일 セン(そなえもの)

進退兩難 진퇴양난 [4II급]

나아가기도 어렵고 물러서기도 어렵다는 뜻으로, 궁지에 몰려 매우 난처한 처지에 놓여 있음을 일컫는 말. 진퇴유곡(進退維谷)

進 나아가다 진 — 영 advance 중 进 jìn 일 シン(すすむ)

退 물러날 퇴 — 영 retreat 중 退 tuì 일 タイ(しりぞく)

兩 두 양 (両) — 영 two 중 两 liǎng 일 両 リョウ

難 어려울 난 — 영 difficult 중 难 nán 일 ナン(むずかしい)

滄海一粟 창해일속

큰 바다에 있는 좁쌀 한 톨이라는 뜻으로, 아주 미약한 존재라는 말.
㈜ 창해일적(滄海一滴), 대해일속(大海一粟)

滄 큰바다 창	滄滄滄滄滄滄滄滄滄滄滄	영 ocean 중 沧 cāng 일 ソウ

海 바다 해	海海海海海海海海海	영 sea 중 海 hǎi 일 カイ(うみ)

一 한 일	一	영 one 중 一 yī 일 イチ(ひとつ)

粟 조 속	粟粟粟粟粟粟粟粟粟粟粟	영 millet 중 粟 sù 일 ゾク(あわ)

靑天霹靂 청천벽력

맑게 갠 하늘의 날벼락이란 뜻으로 뜻밖에 일어난 큰 변동, 전혀 예상치 못한 재난이나 변고를 일컫는 말.
㈜ 청천비벽력(靑天飛霹靂)

靑 푸를 청	靑靑靑靑靑靑靑	영 blue 중 青 qīng 일 セイ(あおい)

天 하늘 천	天天天天	영 heaven 중 天 tiān 일 テン(そう)

霹 벼락 벽	霹霹霹霹霹霹霹霹霹霹霹霹	영 thunderclap 중 霹 pī 일 ヘキ(かみなり)

靂 벼락 력	靂靂靂靂靂靂靂靂靂靂	영 thunderclap 중 雳 lì 일 レキ(かみなり)

3단계 일반 대학 고사성어

忠言逆耳 충언역이 [4II급]

충직한 말은 귀에 거슬린다는 뜻으로, 바르게 충고하는 말일수록 듣기 싫어함.

| 忠 충성 충 | 忠忠忠忠忠忠忠忠 | 영 loyalty 중 忠 zhōng 일 チュウ(まごころ) |

| 言 말씀 언 | 言言言言言言言 | 영 talk 중 言 yán 일 ゲン(こと) |

| 逆 거스를 역 | 逆逆逆逆逆逆逆逆逆 | 영 oppose 중 逆 nì 일 ゲキ(さからう) |

| 耳 귀 이 | 耳耳耳耳耳耳 | 영 ear 중 耳 ěr 일 ジ(みみ) |

七去之惡 칠거지악 [5급]

예전에, 아내를 내쫓을 수 있는 이유가 되었던 일곱 가지 허물. 시부모에게 불손함, 자식이 없음, 행실이 음탕함, 투기함, 몹쓸 병을 지님, 말이 지나치게 많음, 도둑질을 함.

| 七 일곱 칠 | 七七 | 영 seven 중 七 qī 일 シチ(なな) |

| 去 갈 거 | 去去去去去 | 영 leave 중 去 qù 일 キョ·コ(さる) |

| 之 갈 지 | 之之之之 | 영 go 중 之 zhī 일 シ(ゆく·これ) |

| 惡(悪) 악할 악 | 惡惡惡惡惡惡惡惡惡惡 | 영 bad 중 恶 è 일 悪 アク(わるい) |

貪官汚吏 탐관오리

탐관과 오리라는 뜻으로, 탐욕이 많고 행실이 깨끗하지 못한 관리를 일컫는 말.
반 청백리(淸白吏)

貪 탐낼 탐	貪貪貪貪貪貪貪貪貪貪	영 covet 중 贪 tān 일 タン(むさぼる)
官 벼슬 관	官官官官官官官官	영 official rank 중 官 guān 일 カン(つかさ)
汚 더러울 오	汚汚汚汚汚汚	영 dirty 중 汚 wū 일 オ(けがす・よごす)
吏 관리 리	吏吏吏吏吏吏	영 government 중 吏 lì 일 リ(つかさ)

暴虎馮河 포호빙하

맨손으로 호랑이를 잡고 도보로 강을 건넌다는 뜻으로, 용기는 있지만 지모가 없는 사람을 일컫는 말.

暴 성낼 포	暴暴暴暴暴暴暴暴暴暴暴	영 roar 중 暴 bào 일 ホウ(ほえる)
虎 범 호	虎虎虎虎虎虎虎虎	영 tiger 중 虎 hǔ 일 コ(とら)
馮 탈 빙	馮馮馮馮馮馮馮馮馮馮	영 ride 중 馮 féng 일 ヒョウ(のる)
河 황하 하	河河河河河河河河	영 river 중 河 hé 일 カ(かわ)

風飛雹散 풍비박산 [1급]

우박이 바람에 날려 흩어진다는 뜻으로, 사방으로 날아 흩어짐을 가리킴.
㈜ 풍지박산(風地雹散), 풍산(風散)

| 風 바람 풍 | 風風風風風風風風風 | 영 wind 중 风 fēng 일 フウ(かぜ) |

| 飛 날 비 | 飛飛飛飛飛飛飛飛飛 | 영 fly 중 飞 fēi 일 ヒ(とぶ) |

| 雹 우박 박 | 雹雹雹雹雹雹雹雹雹 | 영 hail 중 雹 báo 일 ハク(ひょう) |

| 散 흩어질 산 | 散散散散散散散散散散散 | 영 scatter 중 散 sǎn 일 サン(ちらす) |

涸轍鮒魚 학철부어 [1급]

수레바퀴 자국에 괸 물에 있는 붕어라는 뜻으로, 위급한 처지에 있거나 고단하고 옹색한 사람을 일컫는 말.

| 涸 물마를 학 | 涸涸涸涸涸涸涸涸涸 | 영 dry 중 涸 hé 일 カク(かれる) |

| 轍 바퀴자국 철 | 轍轍轍轍轍轍轍轍轍轍轍 | 영 wheel-marks 중 辙 zhé 일 テツ(わだち) |

| 鮒 붕어 부 | 鮒鮒鮒鮒鮒鮒鮒鮒鮒鮒 | 영 fish 중 鲋 fù 일 フナ(すし) |

| 魚 물고기 어 | 魚魚魚魚魚魚魚魚魚魚魚 | 영 fish 중 鱼 yú 일 ギョ(さかな) |

魂飛魄散 혼비백산
[1급] 혼백이 날아 흩어진다는 뜻으로, 몹시 놀라 어찌할 바를 모르다.

| 魂 넋 혼 | 魂魂魂魂魂魂魂魂魂魂魂 | 영 soul | 중 魂 hún | 일 コン(たましい) |

| 飛 날 비 | 飛飛飛飛飛飛飛飛 | 영 fly | 중 飞 fēi | 일 ヒ(とぶ) |

| 魄 넋 백 | 魄魄魄魄魄魄魄魄魄魄 | 영 soul | 중 魄 pò | 일 ハク(たましい) |

| 散 흩어질 산 | 散散散散散散散散散散散散 | 영 scatter | 중 散 sǎn | 일 サン(ちらす) |

弘益人間 홍익인간
[2급] 널리 인간을 이롭게 한다는 뜻으로, 단군의 건국이념으로 우리나라 정치와 교육의 기본 정신을 규정한 말.

| 弘 넓을 홍 | 弘弘弘弘弘 | 영 extensive | 중 弘 hóng | 일 グ·コウ(ひろい) |

| 益 더할 익 | 益益益益益益益益益益 | 영 increase | 중 益 yì | 일 エキ(ます) |

| 人 사람 인 | 人人 | 영 person | 중 人 rén | 일 ジン·ニン(ひと) |

| 間 사이 간 | 間間間間間間間間間間 | 영 gap | 중 间 jiān | 일 カン(あいだま) |

2급 換骨奪胎 환골탈태

뼈를 바꾸고 태를 빼앗는다는 뜻으로, 얼굴이 전보다 변해 아름답게 됨. 또는 남의 시나 문장 따위의 발상이나 표현을 본떠서 자기 작품처럼 꾸미는 말.

換 바꿀 환 — 영 exchange / 중 換 huàn / 일 カン(とりかえる)

骨 뼈 골 — 영 bone / 중 骨 gǔ / 일 コツ(ほね)

奪 빼앗을 탈 — 영 rob / 중 夺 duó / 일 ダツ(うばう)

胎 아이밸 태 — 영 conceive / 중 胎 tāi / 일 タイ(はらむ)

1급 嚆矢 효시

전쟁터에서 우는 화살을 쏘아 개전(開戰)의 신호로 삼다. 모든 일의 시초.

嚆 울릴 효 — 영 shout / 중 嚆 hāo / 일 コウ(さけぶ)

矢 화살 시 — 영 arrow / 중 矢 shǐ / 일 シ(や)

3단계 중학+고등
고사성어 故事成語 쓰기교본

부록

- 부수(部首) 일람표
- 두음법칙(頭音法則) 한자
- 동자이음(同字異音) 한자
- 약자(略字)·속자(俗字)
- 기초한자(중·고등학교)1800자
- 찾아보기(색인)

부수(部首) 일람표

一 [한 일]	가로의 한 획으로 수(數)의 '하나'의 뜻을 나타냄 (지사자)
丨 [뚫을 곤]	세로의 한 획으로, 상하(上下)로 통하는 뜻을 지님 (지사자)
丶 [점 주(점)]	불타고 있어 움직이지 않는 불꽃을 본뜬 모양 (지사자)
丿 [삐칠 별(삐침)]	오른쪽에서 왼쪽으로 삐쳐 나간 모습을 그린 글자 (상형자)
乙(乚) [새 을]	갈지자형을 본떠, 사물이 원활히 나아가지 않는 상태를 나타냄 (상형자)
亅 [갈고리 궐]	거꾸로 휘어진 갈고리 모양을 본뜬 글자 (상형자)
二 [두 이]	두 개의 가로획으로 수사(數詞)의 '둘'의 뜻을 나타냄 (상형자)
亠 [머리 두(돼지해머리)]	亥에서 亠을 따 왔기 때문에 돼지해밑이라고 함 (상형자)
人(亻) [사람 인(인변)]	사람, 백성 등이 팔을 뻗쳐 서있는 것을 옆에서 본 모양 (상형자)
儿 [어진사람 인]	사람 두 다리를 뻗치고 서있는 모습 (상형자)
入 [들 입]	하나의 줄기가 갈라져 땅속으로 들어가는 모양 (상형자)
八 [여덟 팔]	사물이 둘로 나뉘어 등지고 있는 모습 (지사자)
冂 [멀 경(멀경몸)]	세로의 두 줄에 가로 줄을 그어, 멀리 떨어진 막다른 곳을 뜻함 (상형자)
冖 [덮을 멱(민갓머리)]	집 또는 지붕을 본떠 그린 글자 (상형자)
冫 [얼음 빙(이수변)]	얼음이 언 모양을 그린 글자 (상형자)
几 [안석 궤(책상궤)]	발이 붙어 있는 대의 모양 (상형자)
凵 [입벌릴 감(위터진입구)]	땅이 움푹 들어간 모양 (상형자)
刀(刂) [칼 도]	날이 구부정하게 굽은 칼 모양 (상형자)
力 [힘 력]	팔이 힘을 주었을 때 근육이 불거진 모습 (상형자)
勹 [쌀 포]	사람이 몸을 구부리고 보따리를 싸서 안고 있는 모양 (상형자)
匕 [비수 비]	끝이 뾰쪽한 숟가락 모양 (상형자)
匚 [상자 방(터진입구)]	네모난 상자의 모양을 본뜸 (상형자)
匸 [감출 혜(터진에운담)]	물건을 넣고 뚜껑을 덮어 가린다는 뜻 (회의자)
十 [열 십]	동서남북이 모두 추어진 모양
卜 [점 복]	점을 치기 위하여 소뼈나 거북의 등딱지를 태워서 갈라진 모양

卩(巳) [병부 절]	사람이 무릎을 꿇은 모양을 본떠, '무릎 관절'의 뜻을 나타냄 (상형자)
厂 [굴바위 엄(민엄호)]	언덕의 위부분이 튀어나와 그 밑에서 사람이 살 수 있는 곳 (상형자)
厶 [사사로울 사(마늘모)]	자신의 소유품을 묶어 싸놓고 있음을 본뜸 (지사자)
又 [또 우]	오른손의 옆모습을 본뜬 글자 (상형자)
口 [입 구]	사람의 입모양을 나타냄 (상형자)
囗 [에울 위(큰입구)]	둘레를 에워싼 선에서, '에워싸다', '두루다'의 뜻을 나타냄 (지사자)
土 [흙 토]	초목의 새싹이 땅 위로 솟아오르며 자라는 모양을 본뜬 글자 (상형자)
士 [선비 사]	一에서 十까지의 기수(基數)로 선비가 학업에 입문하는 것 (상형자)
夂 [뒤져올 치]	아래를 향한 발의 상형으로, '내려가다'의 뜻을 나타냄 (상형자)
夊 [천천히걸을 쇠]	아래를 향한 발자국의 모양으로, 가파른 언덕을 머뭇거리며 내려가다는 뜻을 나타냄 (상형자)
夕 [저녁 석]	달이 반쯤 보이기 시작할 때 즉 황혼 무렵의 저녁을 말함 (상형자)
大 [큰 대]	정면에서 바라 본 사람의 머리, 팔, 머리를 본뜸 (상형자)
女 [계집 녀]	여자가 무릎을 굽히고 얌전히 앉아 있는 모습 (상형자)
子 [아들 자]	사람의 머리와 수족을 본뜸 (상형자)
宀 [집 면(갓머리)]	지붕이 사방으로 둘러싸인 집 (상형자)
寸 [마디 촌]	손가락 하나 굵기의 폭 (지사자)
小 [작을 소]	작은 점의 상형으로 '작다'의 뜻 (상형자)
尢(兀) [절름발이 왕]	한쪽 정강이뼈가 굽은 모양을 본뜸 (상형자)
尸 [주검 시]	사람이 배를 깔고 드러누운 모양 (상형자)
屮(艸) [싹날 철]	풀의 싹이 튼 모양을 본뜸 (상형자)
山 [메 산]	산모양을 본떠, '산'의 뜻을 나타냄 (상형자)
巛(川) [개미허리(내 천)]	물이 굽이쳐 흐르는 모양 (상형자)
工 [장인 공]	천지 사이에 대목이 먹줄로 줄을 튕기고 있는 모습 (상형자)
己 [몸 기]	사람이 자기 몸을 굽히고 있는 모양을 본뜬 글자 (상형자)
巾 [수건 건]	허리띠에 천을 드리우고 있는 모양 (상형자)
干 [방패 간]	끝이 쌍갈래진 무기의 상형으로, '범하다', '막다'의 뜻을 나타냄 (상형자)
幺 [작을 요]	갓 태어난 아이를 본뜸 (상형자)

广 [집 엄(엄호)]	가옥의 덮개에 상당하는 지붕의 모습을 본뜸 (상형자)
廴 [길게 걸을 인(민책받침)]	길게 뻗은 길을 간다는 뜻 (지사자)
廾 [손맞잡을 공(밑스물입)]	두 손으로 받들 공 왼손과 오른손을 모아 떠받들고 있는 모습 (회의자)
弋 [주살 익]	작은 가지에 지주(支柱)를 바친 모양 (상형자)
弓 [활 궁]	화살을 먹이지 않은 활의 모양을 본뜸 (상형자)
彐(彑) [돼지머리 계(터진가로왈)]	돼지머리의 모양을 본뜬 모양 (상형자)
彡 [터럭 삼(삐친석삼)]	터럭을 빗질하여 놓은 모양 (상형자)
彳 [조금걸을 척(중인변)]	넓적다리, 정강이, 발의 세 부분을 그려서 처음 걷기 시작함을 나타냄 (상형자)
心(忄·㣺) [마음 심(심방 변)]	사람의 심장의 모양을 본뜬 모양 (상형자)
戈 [창 과]	주살 익(弋)에 一을 덧붙인 날이 옆에 있는 주살 (상형자)
戶 [지게 호]	지게문의 상형으로, '문', '가옥'의 뜻을 지님 (상형자)
手(扌) [손 수(재방변)]	다섯 손가락을 펼치고 있는 손의 모양 (상형자)
支 [지탱할 지]	대나무의 한 쪽 가지를 나누어 손으로 쥐고 있는 모양 (상형자)
攴(攵) [칠 복(등글월문)]	손으로 북소리가 나게 두드린다는 뜻 (상형자)
文 [글월 문]	사람의 가슴을 열어, 거기에 먹으로 표시한 모양 (상형자)
斗 [말 두]	자루가 달린 용량을 계측하는 말을 본뜸 (상형자)
斤 [도끼 근(날근)]	날이 선, 자루가 달린 도끼로 그 밑에 놓인 물건을 자르려는 모양 (상형자)
方 [모 방]	두 척의 조각배를 나란히 하여 놓고 그 이름을 붙여 놓은 모양 (상형자)
无(旡) [없을 무(이미기방)]	사람의 머리 위에 一의 부호를 더하여 머리를 보이지 않게 한 것 (지사자)
日 [날 일]	태양의 모양을 본뜸 (상형자)
曰 [가로 왈]	입과 날숨을 본뜸 (상형자)
月 [달 월]	달의 모양을 본뜸 (상형자)
木 [나무 목]	나무의 줄기와 가지와 뿌리가 있는 서 있는 나무를 본뜸 (상형자)
欠 [하품 흠]	사람의 립에서 입김이 나오는 모양 (상형자)
止 [그칠 지]	초목에서 싹이 돋아날 무렵의 뿌리 부분의 모양 (상형자)
歹(歺) [뼈앙상할 알(죽을 사변)]	살이 깎여 없어진 사람의 백골 시체의 모양 (상형자)
殳 [칠 수(갖은등글월문)]	오른손에 들고 있는 긴 막대기의 무기 모양 (상형자)
毋 [말 무]	毋말무 여자를 함부로 범하지 못하도록 막아 지킨다는 뜻 (상형자)

比	[견줄 비]	人을 반대 방향으로 나란히 세워 놓은 모양 (상형자)
毛	[터럭 모]	사람이나 짐승의 머리털을 본뜸 (상형자)
氏	[각시 씨]	산기슭에 튀어나와 있는 허물어져가는 언덕의 모양 (상형자)
气	[기운 기]	구름이 피어오르는 모양. 또는 김이 곡선을 그으면서 솟아오르는 모양 (상형자)
水(氵)	[물 수(삼수변)]	물이 끊임없이 흐르는 모양 (상형자)
火(灬)	[불 화]	불이 활활 타오르는 모양 (상형자)
爪(爫)	[손톱 조]	손으로 아래쪽의 물건을 집으려는 모양 (상형자)
父	[아비 부]	손으로 채찍을 들고 가족을 거느리며 가르친다는 뜻 (상형자)
爻	[점괘 효]	육효(六爻)의 머리가 엇갈린 모양을 본뜸 (상형자)
爿	[조각널 장(장수장변)]	나무의 한 가운데를 세로로 자른 그 왼쪽 반의 모양 (상형자)
片	[조각 편]	나무의 한 가운데를 세로로 자른 그 오른 쪽 반의 모양 (상형·지사자)
牙	[어금니 아]	입을 다물었을 때 아래 위의 어금니가 맞닿은 모양 (상형자)
牛(牜)	[소 우]	머리와 두 뿔이 솟고, 꼬리를 늘어뜨리고 있는 소의 모양 (상형자)
犬(犭)	[개 견]	개가 옆으로 보고 있는 모양 (상형자)
老(耂)	[늙을 로]	늙어서 머리털이 변한 모양 (상형자)
玉(王)	[구슬 옥]	가로 획은 세 개의 옥돌, 세로 획은 옥 줄을 꿴 끈을 뜻함 (상형자)
艸(艹)	[풀 초(초두)]	초목이 처음 돋아나오는 모양 (상형자)
辵(辶)	[쉬엄쉬엄갈 착 (책받침)]	가다가는 쉬고 쉬다가는 간다는 뜻 (회의자)
玄	[검을 현]	'亠'과 '幺'이 합하여 그윽하고 멀다는 의미를 지님 (상형자)
瓜	[오이 과]	'八'는 오이의 덩굴을, '厶'는 오이의 열매를 본뜸 (상형자)
瓦	[기와 와]	진흙으로 구운 질그릇의 모양 (상형자)
甘	[달 감]	'口'와 '一'을 합한 것으로 입 안에 맛있는 것이 들어있음을 뜻함 (지사자)
生	[날 생]	초목이 나고 차츰 자라서 땅 위에 나온 모양 (상형자)
田	[밭 전]	'口'은 사방의 경계선을 '十'은 동서남북으로 통하는 길을 본뜸 (상형자)
疋	[필 필]	무릎 아래의 다리 모양 (상형자)
疒	[병들 녁(병질엄)]	사람이 병들어 침대에 기댄 모양 (회의자)
癶	[걸을 발(필발머리)]	두 다리를 뻗친 모양 (상형자)
白	[흰 백]	저녁의 어스레한 물색을 희다고 본데서 '희다'의 뜻을 나타냄 (상형자)

皮 [가죽 피]	손으로 가죽을 벗기는 모습 (상형자)
皿 [그릇 명]	그릇의 모양 (상형자)
目(罒) [눈 목]	사람의 눈의 모양 (상형자)
矛 [창 모]	병거(兵車)에 세우는 장식이 달리고 자루가 긴 창의 모양 (상형자)
矢 [화살 시]	화살의 모양 (상형자)
石 [돌 석]	언덕 아래 굴러있는 돌멩이 모양 (상형자)
示(礻) [보일 시]	인간에게 길흉을 보여 알림을 뜻함 (상형자)
禸 [짐승발자국 유]	짐승의 뒷발이 땅을 밟고 있는 모양 (상형자)
禾 [벼 화]	줄기와 이삭이 드리워진 모양 (상형자)
穴 [구멍 혈]	움을 파서 그 속에서 살 혈거주택을 본 뜬 모양 (상형자)
立 [설 립]	사람이 땅 위에 서 있는 모양 (상형자)
衣(衤) [옷 의]	사람의 윗도리를 가리는 옷이라는 뜻 (상형자)
竹 [대 죽]	대나무의 줄기와 대나무의 잎이 아래로 드리워진 모양 (상형자)
米 [쌀 미]	네 개의 점은 낟알을 뜻하고 十은 낟알이 따로따로 있음을 뜻함 (상형자)
糸 [실 사]	실타래를 본뜬 모양 (상형자)
缶 [장군 부]	장군을 본뜬 모양 (상형자)
网(罓·罒) [그물 망]	그물을 본뜬 모양 (상형자)
羊 [양 양]	양의 뿔과 네 다리를 나타낸 모양 (상형자)
羽 [깃 우]	새의 날개를 본뜬 모양 (상형자)
而 [말이을 이]	코 밑 수염을 본뜬 모양 (상형자)
耒 [쟁기 뢰]	우거진 풀을 나무로 만든 연장으로 갈아 넘긴다는 뜻으로 쟁기를 의미함 (상형자)
耳 [귀 이]	귀를 본뜬 모양 (상형자)
聿 [붓 율]	대쪽에 재빠르게 쓰는 물건 곧 붓을 뜻함 (상형자)
肉(月) [고기 육(육달월변)]	잘라낸 고기 덩어리를 본뜬 모양 (상형자)
臣 [신하 신]	임금 앞에 굴복하고 있는 모양 (상형자)
自 [스스로 자]	코를 본뜬 모양 (상형자)
至 [이를 지]	새가 날아 내려 땅에 닿음을 나타냄 (지사자)
臼 [절구 구(확구)]	확을 본뜬 모양 (상형자)

舌 [혀 설]	口와 千을 합하여 혀를 나타냄 (상형자)
舛(夅) [어그러질 천]	사람과 사람이 서로 등지고 반대 된다는 뜻 (상형·회의자)
舟 [배 주]	배의 모양을 본뜬 모양 (상형자)
艮 [그칠 간]	눈이 나란하여 서로 물러섬이 없다는 뜻 (회의자)
色 [빛 색]	사람의 심정이 얼굴빛에 나타난 모양 (회의자)
虍 [범의문채 호(범호)]	호피의 무늬를 본뜬 모양 (상형자)
虫 [벌레 충(훼)]	살무사가 몸을 도사리고 있는 모양 (상형자)
血 [피 혈]	제기에 담아서 신에게 바치는 희생의 피를 나타냄 (상형자)
行 [다닐 행]	좌우의 발을 차례로 옮겨 걸어감을 의미함 (상형자)
襾 [덮을 아]	그릇의 뚜껑을 본뜬 모양 (지사자)
見 [볼 견]	사람이 눈으로 보는 것을 뜻함 (회의자)
角 [뿔 각]	짐승의 뿔을 본뜬 모양 (상형자)
言 [말씀 언]	불신(不信)이 있을 대는 죄를 받을 것을 맹세한다는 뜻
谷 [골 곡]	샘물이 솟아 산 사이를 지나 바다에 흘러들어 가기까지의 사이를 뜻함 (회의자)
豆 [콩 두]	굽이 높은 제기를 본뜬 모양 (상형자)
豕 [돼지 시]	돼지가 꼬리를 흔드는 모양 (상형자)
豸 [발없는벌레 치(갖은돼지시변)]	짐승이 먹이를 노려 몸을 낮추어 이제 곧 덮치려 하고 있는 모양 (상형자)
貝 [조개 패]	조개를 본뜬 모양 (상형자)
赤 [붉을 적]	불타 밝은데서 밝게 드러낸다는 뜻 (회의자)
走 [달아날 주]	사람이 다리를 굽혔다 폈다 하면서 달리는 모양 (회의자)
足 [발 족]	무릎부터 다리까지를 본뜬 모양 (상형자)
身 [몸 신]	아이가 뱃속에서 움직이는 모양 (상형자)
車 [수레 거]	외바퀴차를 본뜬 모양 (상형자)
辛 [매울 신]	문신을 하기 위한 바늘을 본뜬 모양 (상형자)
辰 [별 진]	조개가 조가비를 벌리고 살을 내놓은 모양 (상형자)
邑(阝) [고을 읍(우부방)]	사람이 모여 사는 마을을 뜻함 (회의자)
酉 [닭 유]	술두루미를 본뜬 모양 (상형자)
釆 [분별할 변]	짐승의 발톱이 갈라져 있는 모양 (상형자)

里 [마을 리]	밭도 있고 흙도 있어서 사람이 살만한 곳을 뜻함 (회의자)
金 [쇠 금]	땅 속에 묻혔으면서 빛을 가진 광석에서 가장 귀한 것을 뜻함 (상형·형성자)
長(镸) [길 장]	사람의 긴 머리를 본뜬 모양 (상형자)
門 [문 문]	두 개의 문짝을 달아놓은 모양 (상형자)
阜(阝) [언덕 부(좌부방)]	층이 진 흙산을 본뜬 모양 (상형자)
隶 [미칠 이]	손으로 꼬리를 붙잡기 위해 뒤에서 미친다는 뜻 (회의자)
隹 [새 추]	꽁지가 짧은 새를 본뜬 모양 (상형자)
雨 [비 우]	하늘의 구름에서 물방울이 뚝뚝 떨어지는 모양 (상형자)
靑 [푸를 청]	싹도 우물물도 맑은 푸른빛을 뜻함 (형성자)
非 [아닐 비]	새가 날아 내릴 때 날개를 좌우로 날아 드리운 모양 (상형자)
面 [낯 면]	사람의 머리에 얼굴의 윤곽을 본뜬 모양 (지사자)
革 [가죽 혁]	두 손으로 짐승의 털을 뽑는 모양 (상형자)
韋 [다룸가죽 위]	어떤 장소에서 다른 방향으로 발걸음을 내디디는 모양 (회의자)
韭 [부추 구]	땅 위에 무리지어 나있는 부추의 모양 (상형자)
音 [소리 음]	말이 입 밖에 나올 때 성대를 울려 가락이 있는 소리를 내는 모양 (지사자)
頁 [머리 혈]	사람의 머리를 강조한 모양 (상형자)
風 [바람 풍]	공기가 널리 퍼져 움직임을 따라 동물이 깨어나 움직인다는 뜻 (상형·형성자)
飛 [날 비]	새가 하늘을 날 때 양쪽 날개를 쭉 펴고 있는 모양 (상형자)
食 [밥 식(변)]	식기에 음식을 담고 뚜껑을 덮은 모양 (상형자)
首 [머리 수]	머리털이 나있는 머리를 본뜬 모양 (상형자)
香 [향기 향]	기장을 잘 익혔을 때 나는 냄새를 뜻함 (회의자)
馬 [말 마]	말을 본뜬 모양 (상형자)
骨 [뼈 골]	고기에서 살을 발라내고 남은 뼈를 뜻함 (회의자)
高 [높을 고]	출입문 보다 누대는 엄청 높다는 뜻 (상형자)
髟 [머리털늘어질 표(터럭발)]	긴 머리털을 뜻함 (회의자)
鬥 [싸울 투]	두 사람이 손에 병장기를 들고 서로 대항하는 모양 (상형자)
鬯 [술 창]	곡식의 낟알이 그릇에 담겨 괴어 액체가 된 것을 숟가락으로 뜬다는 뜻 (회의자)
鬲 [솥 력]	솥과 비슷한 다리 굽은 솥의 모양 (상형자)

鬼 [귀신 귀]	사람을 해치는 망령 곧 귀신을 뜻함 (상형자)
魚 [물고기 어]	물고기를 본뜬 모양 (상형자)
鳥 [새 조]	새를 본뜬 모양 (상형자)
鹵 [소금밭 로]	서쪽의 소금밭을 가리킴 (상형자)
鹿 [사슴 록]	사슴의 머리, 뿔, 네 발을 본뜬 모양 (상형자)
麥 [보리 맥]	겨울에 뿌리가 땅속에 깊이 박힌 모양 (회의자)
麻 [삼 마]	삼의 껍질을 가늘게 삼은 것을 뜻함 (회의자)
黃 [누를 황]	밭의 색은 황토색이기 때문에 '노랗다'는 것을 뜻함 (상형자)
黍 [기장 서]	술의 재료로 알맞은 기장을 뜻함 (상형·회의자)
黑 [검을 흑]	불이 활활 타올라 나가는 창인 검은 굴뚝을 뜻함 (상형자)
黹 [바느질할 치]	바늘에 꿴 실로서 수를 놓는 옷감을 그린 모양 (상형자)
黽 [맹꽁이 맹]	맹꽁이를 본뜬 모양 (상형자)
鼎 [솥 정]	발이 세 개, 귀가 두개인 솥의 모양 (상형자)
鼓 [북 고]	장식이 달린 아기를 오른손으로 친다는 뜻 (회의자)
鼠 [쥐 서]	쥐의 이와 배, 발톱과 꼬리의 모양 (상형자)
鼻 [코 비]	공기를 통하는 '코'를 뜻함 (회의·형성자)
齊 [가지런할 제]	곡식의 이삭이 피어 끝이 가지런한 모양 (상형자)
齒 [이 치]	이가 나란히 서 있는 모양
龍 [용 룡]	끝이 뾰족한 뿔과 입을 벌린 기다란 몸뚱이를 가진 용의 모양 (상형자)
龜 [거북 귀(구)]	거북이를 본뜬 모양 (상형자)
龠 [피리 약]	부는 구멍이 있는 관(管)을 나란히 엮은 모양 (상형자)

두음법칙(頭音法則) 한자

한자음에서 첫머리나 음절의 첫소리에서 발음되는 것을 피하기 위해 다른 소리로 바꾸어 발음하는 것으로 즉, 'ㅣ, ㅑ, ㅕ, ㅛ, ㅠ' 앞에서 'ㄹ과 ㄴ'이 'ㅇ'이 되고, 'ㅏ, ㅓ, ㅗ, ㅜ, ㅡ, ㅐ, ㅔ, ㅚ' 앞의 'ㄹ'은 'ㄴ'으로 변하는 것을 말한다.

ㄴ→ㅇ로 발음

尿(뇨)	뇨-糖尿病(당뇨병) 요-尿素肥料(요소비료)	尼(니)	니-比丘尼(비구니) 이-尼僧(이승)	泥(니)	니-雲泥(운니) 이-泥土(이토)
溺(닉)	닉-眈溺(탐닉) 익-溺死(익사)	女(녀)	여-女子(여자) 녀-小女(소녀)	匿(닉)	닉-隱匿(은닉) 익-匿名(익명)
紐(뉴)	뉴-結紐(결뉴) 유-紐帶(유대)	念(념)	념-理念(이념) 염-念佛(염불)	年(년)	년-數十年(수십년) 연-年代(연대)

ㄹ→ㄴ,ㅇ로 발음

洛(락)	락-京洛(경락) 낙-洛東江(낙동강)	蘭(란)	란-香蘭(향란) 난-蘭草(난초)	欄(란)	란-空欄(공란) 난-欄干(난간)
藍(람)	람-甘藍(감람) 남-藍色(남색)	濫(람)	람-氾濫(범람) 남-濫發(남발)	拉(랍)	랍-被拉(피랍) 납-拉致(납치)
浪(랑)	랑-放浪(방랑) 낭-浪說(낭설)	廊(랑)	랑-舍廊(사랑) 낭-廊下(낭하)	涼(량)	량-淸涼里(청량리) 양-涼秋(양추)
諒(량)	량-海諒(해량) 양-諒解(양해)	慮(려)	려-憂慮(우려) 여-慮外(여외)	勵(려)	려-獎勵(장려) 여-勵行(여행)
曆(력)	력-陽曆(양력) 역-曆書(역서)	蓮(련)	련-水蓮(수련) 연-蓮根(연근)	戀(련)	련-悲戀(비련) 연-戀情(연정)
劣(렬)	렬-拙劣(졸렬) 열-劣等(열등)	廉(렴)	렴-淸廉(청렴) 염-廉恥(염치)	嶺(령)	령-大關嶺(대관령) 영-嶺東(영동)

동자이음(同字異音) 한자

한자	뜻	음	예	한자	뜻	음	예
降	내릴 항복할	강 항	降雨(강우) 降伏(항복)	更	다시 고칠	갱 경	갱생(更生) 경장(更張)
車	수레 수레	거 차	車馬(거마) 車票(차표)	乾	하늘, 마를 마를	건 간	乾燥(건조) 乾物(간물)
見	볼 나타날, 뵐	견 현	見聞(견문) 謁見(알현)	串	버릇 땅이름	관 곶	串童(관동) 甲串(갑곶)
告	알릴 뵙고청할	고 곡	告示(고시) 告寧(곡녕)	奈	나락 어찌	나 내	奈落(나락) 奈何(내하)
帑	처자 나라곳집	노 탕	妻帑(처노) 帑庫(탕고)	茶	차 차	다 차	茶菓(다과) 茶禮(차례)
宅	댁 집	댁 택	宅內(댁내) 宅地(택지)	度	법도 헤아릴	도 탁	度數(도수) 忖度(촌탁)
讀	읽을 구절	독 두	讀書(독서) 吏讀(이두)	洞	마을 통할	동 통	洞里(동리) 洞察(통찰)
屯	모일 어려울	둔 준	屯田(둔전) 屯困(준곤)	反	돌이킬 뒤집을	반 번	反亂(반란) 反田(번전)
魄	넋 넋잃을	백 탁/박	魂魄(혼백) 落魄(낙탁)	便	똥오줌 편할	변 편	便所(변소) 便利(편리)
復	회복할 다시	복 부	復歸(복귀) 復活(부활)	父	아비 남자미칭	부 보	父母(부모) 尙父(상보)
否	아닐 막힐	부 비	否決(부결) 否塞(비색)	北	북녘 달아날	북 패	北進(북진) 敗北(패배)
分	나눌 단위	분 푼	分裂(분열) 分錢(푼전)	不	아니 아닐	불 부	不能(불능) 不在(부재)
沸	끓을 물용솟음칠	비 불	沸騰(비등) 沸水(불수)	寺	절 내시, 관청	사 시	寺刹(사찰) 寺人(시인)
殺	죽일 감할	살 쇄	殺生(살생) 殺到(쇄도)	狀	모양 문서	상 장	狀況(상황) 狀啓(장계)

索	찾을 쓸쓸할	색 삭	索引(색인) 索莫(삭막)	塞	막을 변방	색 새	塞源(색원) 要塞(요새)
說	말씀 달랠 기뻐할	설 세 열	說得(설득) 說客(세객) 說喜(열희)	省	살필 덜	성 생	省墓(성묘) 省略(생략)
率	거느릴 비율	솔 률/율	率先(솔선) 率身(율신)	衰	쇠할 상복	쇠 최	衰退(쇠퇴) 衰服(최복)
數	셀 자주 촘촘할	수 삭 촉	數學(수학) 數窮(삭궁) 數罟(촉고)	宿	잘 별	숙 수	宿泊(숙박) 宿曜(수요)
拾	주울 열	습 십	拾得(습득) 拾萬(십만)	瑟	악기이름 악기이름	슬 실	瑟居(슬거) 琴瑟(금실)
食	밥 먹일	식 사	食堂(식당) 簞食(단사)	識	알 기록할	식 지	識見(식견) 標識(표지)
什	열사람 세간	십 집	什長(십장) 什器(집기)	十	열	십 시	十干(십간) 十月(시월)
惡	악할 미워할	악 오	惡漢(악한) 惡寒(오한)	樂	풍류 즐길 좋아할	악 낙/락 요	樂聖(악성) 樂園(낙원)
若	만약 반야	약 야	若干(약간) 般若(반야)	於	어조사 탄식할	어 오	於是乎(어시호) 於兎(오토)
厭	싫어할 누를	염 엽	厭世(염세) 厭然(엽연)	葉	잎 성씨	엽 섭	葉書(엽서) 葉氏(섭씨)
六	여섯 여섯	육/륙 유/뉴	六年(육년) 六月(유월)	易	쉬울 바꿀, 주역	이 역	易慢(이만) 易學(역학)
咽	목구멍 목멜	인 열	咽喉(인후) 嗚咽(오열)	刺	찌를 수라 찌를	자 라 척	刺戟(자극) 水刺(수라) 刺殺(척살)
炙	구울 고기구이	자 적	炙背(자배) 炙鐵(적철)	著	지을 붙을	저 착	著述(저술) 著近(착근)
抵	막을 칠	저 지	抵抗(저항) 抵掌(지장)	切	끊을 모두	절 체	切迫(절박) 一切(일체)

提	끌 보리수 떼지어날	제 리 시	提携(제휴) 菩提樹(보리수) 提提(시시)	辰	지지 일월성	진 신	辰時(진시) 生辰(생신)
斟	술따를 짐작할	짐 침	斟酌(짐작) 斟量(침량)	徵	부를 음률이름	징 치	徵兵(징병)
差	어긋날 층질	차 치	差別(차별) 參差(참치)	帖	문서 체지	첩 체	帖着(첩착) 帖文(체문)
諦	살필 울	체 제	諦念(체념) 眞諦(진제)	丑	소 추	축 추	丑時(축시) 公孫丑(공손추)
則	법 곧	칙 즉	則效(칙효) 然則(연즉)	沈	가라앉을 성씨	침 심	沈沒(침몰) 沈氏(심씨)
拓	박을 넓힐	탁 척	拓本(탁본) 拓殖(척식)	罷	그만둘 고달플	파 피	罷業(파업) 罷勞(피로)
編	엮을 땋을	편 변	編輯(편집) 編髮(변발)	布	베 베풀	포 보	布木(포목) 布施(보시)
暴	사나울 사나울	폭 포	暴動(폭동) 暴惡(포악)	曝	볕쬘 볕쬘	폭 포	曝衣(폭의) 曝白(포백)
皮	가죽 가죽	피 비	皮革(피혁) 鹿皮(녹비)	行	다닐 항렬·줄	행 항	行樂(행락) 行列(항렬)
陝	좁을 땅이름	협 합	陝隘(협애) 陝川(합천)	滑	미끄러울 어지러울	활 골	滑降(활강) 滑稽(골계)

약자(略字)·속자(俗字)

假=仮 (거짓 가)	靈=灵 (신령 령)	嚴=岩 (바위 암)	眞=真 (참 진)
價=価 (값 가)	禮=礼 (예도 례)	壓=圧 (누를 압)	盡=尽 (다할 진)
覺=覚 (깨달을 각)	勞=労 (수고로울 로)	藥=薬 (약 약)	晉=晋 (나라 진)
擧=挙 (들 거)	爐=炉 (화로 로)	讓=譲 (사양할 양)	贊=賛 (찬성할 찬)
據=拠 (의지할 거)	綠=緑 (푸를 록)	嚴=厳 (엄할 엄)	讚=讃 (칭찬할 찬)
輕=軽 (가벼울 경)	賴=頼 (의지할 뢰)	餘=余 (남을 여)	參=参 (참여할 참)
經=経 (경서 경)	龍=竜 (용 룡)	與=与 (줄 여)	册=冊 (책 책)
徑=径 (지름길 경)	樓=楼 (다락 루)	驛=駅 (정거장 역)	處=処 (곳 처)
鷄=雞 (닭 계)	稟=禀 (삼갈·사뢸 품)	譯=訳 (통역할 역)	淺=浅 (얕을 천)
繼=継 (이를 계)	萬=万 (일만 만)	鹽=塩 (소금 염)	鐵=鉄 (쇠 철)
館=舘 (집 관)	滿=満 (찰 만)	榮=栄 (영화 영)	廳=庁 (관청 청)
關=関 (빗장 관)	蠻=蛮 (오랑캐 만)	豫=予 (미리 예)	體=体 (몸 체)
廣=広 (넓을 광)	賣=売 (팔 매)	藝=芸 (재주 예)	觸=触 (닿을 촉)
敎=教 (가르칠 교)	麥=麦 (보리 맥)	溫=温 (따뜻할 온)	總=総 (다 총)
區=区 (구역 구)	半=半 (반 반)	圓=円 (둥글 원)	蟲=虫 (벌레 충)
舊=旧 (예 구)	發=発 (필 발)	圍=囲 (둘레 위)	齒=歯 (이 치)
驅=駆 (몰 구)	拜=拝 (절 배)	爲=為 (하 위)	恥=耻 (부끄러울 치)
國=国 (나라 국)	變=変 (변할 변)	陰=陰 (그늘 음)	稱=称 (일컬을 칭)
權=権 (권세 권)	辯=弁 (말잘할 변)	應=応 (응할 응)	彈=弾 (탄할 탄)
勸=勧 (권할 권)	邊=辺 (가 변)	醫=医 (의원 의)	澤=沢 (못 택)
龜=亀 (거북 귀)	竝=並 (아우를 병)	貳=弐 (두 이)	擇=択 (가릴 택)
氣=気 (기운 기)	寶=宝 (보배 보)	壹=壱 (하나 일)	廢=廃 (폐할 폐)
旣=既 (이미 기)	拂=払 (떨칠 불)	姉=姊 (누이 자)	豊=豐 (풍성할 풍)
內=内 (안 내)	佛=仏 (부처 불)	殘=残 (남을 잔)	學=学 (배울 학)
單=単 (홑 단)	冰=氷 (어름 빙)	潛=潜 (잠길 잠)	解=解 (풀 해)
團=団 (둥글 단)	絲=糸 (실 사)	雜=雑 (섞일 잡)	鄕=郷 (고을 향)
斷=断 (끊을 단)	寫=写 (베낄 사)	壯=壮 (씩씩할 장)	虛=虚 (빌 허)
擔=担 (멜 담)	辭=辞 (말씀 사)	莊=庄 (별장 장)	獻=献 (드릴 헌)
當=当 (당할 당)	雙=双 (짝 쌍)	爭=争 (다툴 쟁)	驗=験 (증험할 험)
黨=党 (무리 당)	敍=叙 (펼 서)	戰=戦 (싸움 전)	顯=顕 (나타날 현)
對=対 (대할 대)	潟=鳥 (개펄 석)	錢=銭 (돈 전)	螢=蛍 (반딧불 형)
德=徳 (큰 덕)	釋=釈 (풀 석)	傳=伝 (전할 전)	號=号 (부르짖을 호)
圖=図 (그림 도)	聲=声 (소리 성)	轉=転 (구를 전)	畫=画 (그림 화)
讀=読 (읽을 독)	續=続 (이을 속)	點=点 (점 점)	擴=拡 (늘릴 확)
獨=独 (홀로 독)	屬=属 (붙을 속)	靜=静 (고요 정)	歡=歓 (기쁠 환)
樂=楽 (즐길 락)	收=収 (거둘 수)	淨=浄 (깨끗할 정)	黃=黄 (누를 황)
亂=乱 (어지러울 란)	數=数 (수 수)	濟=済 (건널 제)	會=会 (모을 회)
覽=覧 (볼 람)	輸=輸 (보낼 수)	齊=斉 (다스릴 제)	回=囘 (돌아올 회)
來=来 (올 래)	肅=粛 (삼갈 숙)	條=条 (가지 조)	效=効 (본받을 효)
兩=両 (두 량)	濕=湿 (젖을 습)	弔=吊 (조상할 조)	黑=黒 (검을 흑)
凉=涼 (서늘할 량)	乘=乗 (탈 승)	從=従 (쫓을 종)	戱=戲 (희롱할 희)
勵=励 (힘쓸 려)	實=実 (열매 실)	晝=昼 (낮 주)	
歷=歴 (지날 력)	兒=児 (아이 아)	卽=即 (곧 즉)	
練=練 (익힐 련)	亞=亜 (버금 아)	增=増 (더할 증)	
戀=恋 (사모할 련)	惡=悪 (악할 악)	證=証 (증거 증)	

기초한자(중·고등학교) 1800자

*는 고등학교 기초한자입니다.

ㄱ

佳 아름다울 가
假 거짓 가
價 값 가
加 더할 가
可 옳을 가
家 집 가
*暇 겨를 가
*架 시렁 가
歌 노래 가
街 거리 가
*刻 새길 각
*却 물리칠 각
各 각각 각
脚 다리 각
*覺 깨달을 각
角 뿔 각
*閣 누각 각
*刊 새길 간
*姦 간음할 간
干 방패 간
*幹 줄기 간
*懇 간절할 간
看 볼 간
*簡 대쪽 간
*肝 간 간
間 사이 간
渴 목마를 갈
感 느낄 감
敢 굳셀 감
減 덜 감
甘 달 감
監 볼 감
*鑑 거울 감
甲 갑옷 갑
*剛 굳셀 강
*康 편안할 강
江 물 강
*綱 벼리 강
講 욀 강
*鋼 강철 강
降 내릴 강
降 항복할 항
強 강할, 힘쓸 강
*介 끼일 개

個 낱 개
*慨 슬퍼할 개
改 고칠 개
*概 대개 개
皆 다 개
*蓋 덮을 개
開 열 개
客 손 객
更 다시 갱
更 고칠 경
去 갈 거
居 살 거
巨 클 거
*拒 막을 거
*據 의지할 거
擧 들 거
*距 떨어질 거
車 수레 거(차)
乾 하늘 건
乾 마를 건(간)
件 물건 건
健 굳셀 건
建 세울 건
乞 빌 걸
傑 뛰어날 걸
儉 검소할 검
劍 칼 검
檢 검사할 검
*擊 칠 격
*格 격식 격
*激 과격할 격
*隔 사이 뜰 격
堅 굳을 견
*牽 끌, 별 이름 견
犬 개 견
絹 비단 견
肩 어깨 견
見 볼 견
見 나타날 현
*遣 보낼 견
決 결단할 결
潔 깨끗할 결
結 맺을 결
*缺 빠질 결
*兼 겸할 겸

*謙 겸손할 겸
京 서울 경
*傾 기울어질 경
*卿 벼슬 경
*境 지경 경
庚 별 경
*徑 지름길 경
慶 경사 경
敬 공경할 경
景 볕·우러를 경
*硬 굳을 경
*竟 마칠 경
競 다툴 경
經 날 경
經 지날 경
耕 갈 경
*警 경계할 경
輕 가벼울 경
*鏡 거울 경
*頃 잠시 경
驚 놀랄 경
*係 맬 계
*啓 열 계
*契 계약할 계
季 끝, 철 계
戒 경계할 계
桂 계수나무 계
*械 기계 계
溪 시내 계
界 경계 계
癸 북방 계
*系 계통 계
*繫 맬 계
計 헤아릴 계
*階 섬돌 계
鷄 닭 계
孤 외로울 고
古 옛, 예 고
告 고할, 아뢸 고
固 굳을 고
姑 시어머니 고
庫 곳집 고
故 연고 고
*枯 마를 고

*稿 원고 고
考 생각할 고
苦 쓸 고
*顧 돌아볼 고
高 높을 고
*鼓 북 고
*哭 울 곡
曲 굽을 곡
穀 낟알, 곡식 곡
谷 골 곡
困 곤할 곤
坤 따(땅) 곤
骨 뼈 골
空 빌 공
*供 이바지할 공
公 공변될 공
共 한가지 공
功 공 공
孔 구멍 공
工 장인 공
*恐 두려울 공
*恭 공손 공
*攻 칠 공
*貢 바칠 공
*寡 적을 과
果 열매 과
科 과목 과
*誇 자랑할 과
課 과정 과
過 지날, 허물 과
*郭 성곽 곽
冠 갓 관
官 벼슬 관
寬 너그러울 관
*慣 버릇 관
*管 대롱 관
觀 볼 관
*貫 꿸 관
關 관계할 관
*館 집 관
光 빛 광
廣 넓을 광
*狂 미칠 광
*鑛 쇳돌 광
*掛 걸 괘

*塊 흙덩이 괴
*壞 무너뜨릴 괴
*怪 괴이할 괴
*愧 부끄러울 괴
交 사귈 교
*巧 교묘할 교
敎 가르칠 교
校 학교 교
橋 다리 교
*矯 바로잡을 교
*較 비교할 교
*郊 들 교
*丘 언덕 구
久 오랠 구
九 아홉 구
*俱 함께 구
*具 갖출 구
*區 구역 구
口 입 구
句 글귀 구
*懼 두려울 구
*拘 거리낄 구
救 구원할 구
構 얽을 구
求 구할 구
狗 개 구
*球 구슬 구
究 궁구할 구
舊 옛 구
苟 진실로 구
驅 몰 구
龜 땅이름 구
龜 터질 균
龜 거북 귀
國 나라 국
局 판 국
菊 국화 국
君 임금 군
*群 무리 군
軍 군사, 진칠 군
郡 고을 군
屈 굽을 굴
*宮 집 궁
弓 활 궁
*窮 다할 궁

勸	권할 권	氣	기운 기	*檀	박달나무 단	讀	구두점 두	量	헤아릴 량(양)
卷	책 권	*畿	경기 기	*段	조각 단	*敦	도타울 돈	涼	서늘할 량(양)
*拳	주먹 권	*祈	빌 기	短	짧을 단	*豚	돼지 돈	*勵	힘쓸 려(여)
權	권세 권	紀	벼리 기	端	끝 단	*突	부딪칠 돌	慮	생각 려(여)
*券	문서 권	記	기록할 기	達	통달할 달	冬	겨울 동	旅	나그네 려(여)
*厥	그 궐	豈	어찌 기	*擔	멜 담	*凍	얼 동	麗	고울 려(여)
*軌	차바퀴 궤	起	일어날 기	*淡	맑을 담	動	움직일 동	力	힘 력(역)
*鬼	귀신 귀	飢	주릴 기	談	말씀 담	同	한가지 동	曆	책력 력(역)
歸	돌아갈 귀	騎	말탈 기	畓	논 답	東	동녘 동	歷	지날 력(역)
貴	귀할 귀	緊	요긴할 긴	答	답할 답	洞	골 동	*憐	불쌍히 여길 련(연)
*規	법 규	吉	길할 길	*踏	밟을 답	洞	밝을 통	戀	사모할 련(연)
*叫	부르짖을 규	金	쇠 금	*唐	당나라 당	童	아이 동	練	익힐 련(연)
*糾	살필 규	金	성 김	堂	집 당	*銅	구리 동	*聯	잇닿을 련(연)
均	고를 균			當	마땅 당	斗	말 두	連	이을 련(연)
*菌	버섯 균	**ㄴ**		*糖	사탕 당	豆	콩 두	*鍊	쇠불릴 련(연)
*劇	심할 극	*那	어찌 나	*黨	무리 당	頭	머리 두	*劣	용렬할 렬(열)
*克	이길 극	暖	따뜻할 난	代	대신할 대	*屯	모일 둔	*裂	찢을 렬(열)
極	극진할 극	難	어려울 난	大	큰 대	*鈍	둔할 둔	*廉	청렴할 렴(염)
*謹	삼갈 근	南	남녘 남	對	대할 대	得	얻을 득	*獵	사냥 렵(엽)
*僅	겨우 근	男	사내 남	*帶	띠 대	燈	등불 등	令	하여금 령(영)
勤	부지런할 근	納	들일 납	待	기다릴 대	登	오를 등	*嶺	재 령(영)
*斤	근 근	娘	처녀 낭	臺	집, 대 대	等	무리 등	*零	떨어질 령(영)
根	뿌리 근	乃	이에 내	貸	빌릴 대	*騰	오를 등	*靈	신령 령(영)
近	가까울 근	內	안 내	*隊	떼 대			領	거느릴 령(영)
*錦	비단 금	*奈	어찌 내	德	큰 덕	**ㄹ**		*爐	화로 로(노)
今	이제 금	耐	견딜 내	*倒	넘어질 도	*羅	벌일 라(나)	路	길 로(노)
*琴	거문고 금	年	해 년	刀	칼 도	樂	즐길 락(낙)	露	이슬 로(노)
禁	금할 금	念	생각 념	到	이를 도	樂	풍악 악(낙)	祿	녹 록(녹)
*禽	새 금	*寧	편안할 녕(령)	圖	그림 도	樂	좋아할 요(낙)	綠	푸를 록(녹)
及	미칠 급	*努	힘쓸 노(로)	塗	칠할 도	*絡	연락 락(낙)	*錄	기록할 록(녹)
急	급할 급	勞	수고할 로(노)	*導	인도할 도	落	떨어질 락(낙)	鹿	사슴 록(녹)
*級	등급 급	*奴	종 노	島	섬 도	*諾	승낙할 락(낙)	論	논할 론(논)
給	줄 급	怒	노할 노(로)	度	법도 도	*亂	어지러울 란(난)	*弄	희롱할 롱(농)
肯	즐길 긍	老	늙을 로(노)	徒	무리 도	卵	알 란(난)	*賴	힘입을 뢰(뇌)
*企	꾀할 기	農	농사 농	挑	끌어낼 도	*欄	난간 란(난)	*雷	천둥 뢰(뇌)
其	그 기	*惱	번뇌할 뇌	桃	복숭아 도	*蘭	난초 란(난)	了	마칠 료(요)
*器	그릇 기	*腦	뇌 뇌	渡	건널 도	*濫	넘칠 람(남)	*僚	동료 료(요)
基	터 기	能	능할 능	盜	도둑 도	*覽	볼 람(남)	料	헤아릴 료(요)
*奇	기이할 기	*泥	진흙 니	稻	벼 도	*廊	행랑 랑(낭)	*屢	자주 루(누)
*寄	부칠 기			跳	뛸 도	浪	물결 랑(낭)	樓	다락 루(누)
己	몸 기	**ㄷ**		逃	달아날 도	郎	사내 랑(낭)	*淚	눈물 루(누)
幾	몇 기	多	많을 다	途	길 도	來	올 래(내)	*漏	샐 루(누)
*忌	꺼릴 기	*茶	차 다	道	길 도	冷	찰 랭(냉)	*累	여러 루(누)
技	재주 기	丹	붉을 단	都	도읍 도	*掠	노략질 략(약)	柳	버들 류(유)
旗	기 기	但	다만 단	陶	질그릇 도	*略	간략할 략(약)	流	흐를 류(유)
旣	이미 기	單	홀 단	毒	독 독	兩	두 량(양)	留	머무를 류(유)
期	기약할 기	*圍	둥글 단	獨	홀로 독	*梁	들보 량(양)	*類	무리 류(유)
*棄	버릴 기	*壇	단 단	*督	감독할 독	*糧	양식 량(양)	*輪	바퀴 륜(윤)
機	베틀 기	*斷	끊을 단	*篤	도타울 독	良	어질 량(양)	律	법칙 률(율)
欺	속일 기	旦	아침 단	讀	읽을 독	*諒	살필 량(양)	*栗	밤 률(율)

*率	거느릴 률(율)(솔)	*滅	멸할 멸	*眉	눈썹 미	*煩	번거로울 번	富 부자 부
*率	비례 률(율)	*冥	어두울 명	米	쌀 미	番	차례 번	*府 마을 부
*隆	높을 륭(융)	名	이름 명	美	아름다울 미	*繁	번성할 번	復 회복할 복
*陵	무덤 릉(능)	命	목숨 명	*迷	미혹할 미	*飜	번역할 번	復 다시 부
利	이로울 리(이)	明	밝을 명	*憫	불쌍히 여길 민	伐	칠 벌	扶 도울 부
*吏	관리 리(이)	*銘	새길 명	*敏	민첩할 민	罰	벌 벌	浮 뜰 부
理	다스릴 리(이)	鳴	울 명	民	백성 민	凡	무릇 범	父 아비 부
里	마을 리(이)	*侮	업신여길 모	密	빽빽할 밀	犯	범할 범	*符 부적 부
*離	떠날 리(이)	*冒	가릴 모	*蜜	꿀 밀	*範	법 범	*簿 장부 부
*臨	임할 림(임)	*募	모집할 모			法	법 법	腐 썩을 부
		*慕	사모할 모		ㅂ	壁	벽 벽	負 질 부
	ㅁ	暮	저물 모			碧	푸를 벽	*賦 구실 부
*磨	갈 마	*某	아무 모	*博	넓을 박	變	변할 변	*赴 다다를 부
馬	말 마	*模	본뜰 모	*拍	손뼉칠 박	*辨	분별할 변	部 떼 부
*麻	삼 마	母	어미 모	朴	순박할 박	*辯	말 잘할 변	附 붙일 부
*幕	장막 막	毛	터럭 모	*泊	배댈 박	*邊	가장자리 변	北 북녘 북
*漠	아득할 막	*謀	꾀 모	薄	엷을 박	別	나눌 별	北 달아날 배
莫	말 막	*貌	모양 모	*迫	핍박할 박	丙	남녘 병	分 나눌 분
*慢	교만할 만	木	나무 목	*伴	짝 반	兵	병사 병	*墳 봉분 분
晩	늦을 만	*牧	칠 목	半	반 반	*屛	병풍 병	奔 달아날 분
滿	찰 만	目	눈 목	反	돌이킬 반	病	병 병	*奮 떨칠 분
*漫	부질없을 만	*睦	화목할 목	*叛	모반할 반	竝	아우를 병	*憤 분할 분
萬	일만 만	*沒	빠질 몰	班	나눌, 얼룩질 반	保	보호할 보	*粉 가루 분
末	끝 말	夢	꿈 몽	*盤	소반 반	報	갚을 보	*紛 어지러울 분
亡	망할 망	*蒙	어릴 몽	般	일반 반	寶	보배 보	佛 부처 불
*妄	망령될 망	卯	토끼 묘	*返	돌아올 반	*普	넓을 보	*拂 떨칠 불
忘	잊을 망	*墓	무덤 묘	飯	밥 반	步	걸음 보	*崩 무너질 붕
忙	바쁠 망	妙	묘할 묘	*拔	뺄 발	*補	도울 보	朋 벗 붕
望	바라볼 망	*廟	사당 묘	發	필 발	*譜	문서 보	備 갖출 비
*罔	없을 망	*苗	싹 묘	髮	터럭 발	伏	엎드릴 복	*卑 낮을 비
*茫	아득할 망	務	힘쓸 무	*倣	본받을 방	卜	점칠 복	*妃 왕비 비
*埋	묻을 매	戊	다섯째 천간 무	*傍	곁 방	服	입을 복	*婢 계집종 비
妹	누이 매	武	호반 무	*妨	방해할 방	福	복 복	悲 슬플 비
*媒	중매할 매	無	없을 무	房	방 방	腹	배 복	*批 비평할 비
*梅	매화 매	舞	춤출 무	放	놓을 방	*複	거듭 복	比 견줄 비
每	매양 매	茂	무성할 무	方	모 방	*覆	뒤집힐 복	*碑 비석 비
買	살 매	貿	무역할 무	芳	꽃다울 방	*覆	덮을 부	肥 살찔 비
賣	팔 매	*霧	안개 무	訪	찾을 방	本	근본 본	*費 소비할 비
*脈	맥 맥	墨	먹 묵	邦	나라 방	奉	받들 봉	非 아닐 비
麥	보리 맥	*黙	잠잠할 묵	防	막을 방	*封	봉할 봉	飛 날 비
*孟	맏 맹	問	물을 문	*倍	곱할 배	*峯	산봉우리 봉	鼻 코 비
*猛	사나울 맹	文	글월 문	*培	북돋울 배	*蜂	벌 봉	*祕 비밀 비
*盲	소경 맹	聞	들을 문	拜	절 배	*逢	만날 봉	貧 가난할 빈
*盟	맹세할 맹	門	문 문	*排	물리칠 배	*鳳	새 봉	*賓 손 빈
免	면할 면	勿	말 물	杯	잔 배	不	아닐 불	*頻 자주 빈
勉	힘쓸 면	物	물건 물	*背	등 배	*付	부탁할 부	*聘 부를 빙
眠	졸 면	味	맛 미	*輩	무리 배	*副	버금 부	冰(氷) 얼음 빙
*綿	솜 면	尾	꼬리 미	*配	짝 배	否	아닐 부	
面	낯 면	*微	작을 미	*伯	맏 백	夫	지아비 부	ㅅ
		未	아닐 미	白	흰 백	婦	며느리 부	事 일 사
				百	일백 백			

부록 | 227

仕 벼슬 사	常 떳떳할 상	說 말씀 설	送 보낼 송	崇 높일 숭
*似 같을 사	*床 평상 상	說 달랠 세	*頌 칭송할 송	*濕 젖을 습
使 하여금 사	想 생각 상	說 기쁠 열	*刷 인쇄할 쇄	拾 주울 습
史 역사 사	桑 뽕나무 상	雪 눈 설	*鎖 쇠사슬 쇄	拾 열 십
*司 맡을 사	*狀 형상 상	*攝 조섭할 섭	*衰 쇠할 쇠	習 익힐 습
四 넉 사	*狀 문서 장	*涉 건널 섭	修 닦을 수	*襲 엄습할 습
士 선비 사	相 서로 상	城 재 성	受 받을 수	乘 탈 승
*寫 베낄 사	*祥 상서로울 상	姓 성 성	*囚 가둘 수	*僧 중 승
寺 절 사	*裳 치마 상	性 성품 성	*垂 드리울 수	勝 이길 승
射 쏠 사	*詳 상세할 상	成 이룰 성	壽 목숨 수	承 이을 승
巳 뱀 사	*象 코끼리 상	星 별 성	守 지킬 수	*昇 오를 승
師 스승 사	賞 상줄 상	盛 성할 성	*帥 장수 수	*侍 모실 시
思 생각 사	霜 서리 상	省 줄일 생	愁 근심 수	始 비로소 시
*捨 버릴 사	*塞 변방 새	省 살필 성	手 손 수	市 저자 시
斜 비낄 사	*塞 막을 색	聖 성인 성	授 줄 수	施 베풀 시
*斯 이 사	*索 동아줄 삭	聲 소리 성	*搜 찾을 수	是 이 시
*査 조사할 사	*索 찾을 색	誠 정성 성	收 거둘 수	時 때 시
死 죽을 사	色 빛 색	世 인간 세	數 셀 수	*矢 화살 시
*沙 모래 사	生 날 생	勢 형세 세	樹 나무 수	示 보일 시
*社 모일 사	序 차례 서	歲 해 세	*殊 다를 수	視 볼 시
*祀 제사 사	庶 뭇 서	洗 씻을 세	水 물 수	試 시험할 시
私 사사로울 사	*徐 천천히 할 서	稅 구실 세	*獸 짐승 수	詩 글 시
絲 실 사	*恕 용서할 서	細 가늘 세	*睡 잠잘 수	式 법 식
舍 집 사	*敍 펼 서	*召 부를 소	秀 빼어날 수	*息 숨쉴 식
*蛇 뱀 사	暑 더울 서	小 작을 소	誰 누구 수	植 심을 식
*詐 속일 사	書 쓸, 글 서	少 적을 소	*輸 보낼 수	識 알 식
詞 말 사	*緖 실마리 서	所 바 소	遂 이룰 수	食 밥 식(사)
謝 사례 사	*署 관청 서	掃 쓸 소	*隨 따를 수	*飾 꾸밀 식
*賜 줄 사	西 서녘 서	昭 밝을 소	雖 비록 수	*伸 펼 신
*辭 말씀 사	*誓 맹세할 서	消 사라질 소	*需 쓸 수	信 믿을 신
*邪 간사할 사	*逝 갈 서	*燒 불사를 소	須 모름지기 수	*愼 삼갈 신
*削 깎을 삭	夕 저녁 석	笑 웃음 소	首 머리 수	新 새 신
*朔 초하루 삭	席 자리 석	素 흴 소	叔 아재비 숙	晨 새벽 신
山 메 산	惜 아낄 석	蔬 나물 소	*孰 누구 숙	申 납 신
散 흩어질 산	昔 옛 석	蘇 깨어날 소	宿 별자리 수	神 귀신 신
産 낳을 산	*析 쪼갤 석	訴 하소연할 소	宿 잘 숙	臣 신하 신
算 헤아릴 산	石 돌 석	騷 시끄러울 소	淑 맑을 숙	身 몸 신
殺 죽일 살	*釋 풀 석	*疏(疎) 트일 소	*熟 익을 숙	辛 매울 신
殺 감할 쇄	仙 신선 선	俗 풍속 소	*肅 엄숙할 숙	失 잃을 실
三 석 삼	先 먼저 선	*屬 무리 속	*巡 순행할 순	室 집 실
參 석 삼	善 착할 선	*屬 붙을 촉	*循 돌 순	實 열매 실
參 참여할 참	*宣 베풀 선	*束 묶을 속	旬 열흘 순	*審 살필 심
上 윗 상	*旋 돌 선	粟 조 속	*殉 따라 죽을 순	*尋 찾을 심
傷 다칠 상	禪 참선할 선	續 이을 소	瞬 잠깐 순	心 마음 심
*像 형상 상	線 줄 선	速 빠를 소	純 순수할 순	深 깊을 심
*償 갚을 상	船 배 선	孫 손자 손	*脣 입술 순	甚 심할 심
商 장사 상	選 가릴 선	*損 덜 손	順 순할 순	十 열 십
喪 잃을 상	鮮 고울 선	松 소나무 송	戌 개 술	*雙 짝 쌍
*嘗 맛볼 상	舌 혀 설	*訟 송사할 송	*術 꾀 술	氏 각시 씨
尙 오히려 상	設 베풀 설	*誦 욀 송	*述 지을 술	

ㅇ

*亞 버금 아
兒 아이 아
我 나 아
*牙 어금니 아
*芽 싹 아
*雅 맑을 아
*餓 주릴 아
岳 메뿌리 악
惡 악할 악
惡 미워할 오
安 편안 안
*岸 언덕 안
案 생각 안
眼 눈 안
顔 낯 안
*雁(雁) 기러기 안
*謁 아뢸 알
巖 바위 암
暗 어두울 암
*壓 누를 압
*押 찍을 압
仰 우러를 앙
*央 가운데 앙
*殃 재앙 앙
哀 슬플 애
愛 사랑 애
*涯 물가 애
*厄 재앙 액
*額 이마 액
也 어조사 야
也 잇기 야
夜 밤 야
*耶 어조사 야
野 들 야
弱 약할 약
約 약속 약
若 같을 약
若 반야 야
藥 약 약
*躍 뛸 약
*壤 토양 양
揚 드날릴 양
*楊 버들 양
*樣 모양 양
洋 큰바다 양
羊 양 양
讓 사양할 양
陽 볕 양
養 기를 양

*御 어거할 어
於 어조사 어
於 탄식할 오
漁 고기잡을 어
語 말씀 어
魚 고기 어
億 억 억
憶 생각할 억
*抑 누를 억
*焉 어찌 언
言 말씀 언
嚴 엄할 엄
業 업 업
*予 나 여
余 나 여
女 계집 녀
如 같을 여
汝 너 여
與 줄 여
*輿 수레 여
*餘 남을 여
亦 또 역
*域 지경 역
*役 일 역
易 바꿀 역
易 쉬울 이
*疫 염병 역
*譯 통역할 역
逆 거스를 역
*驛 역말 역
*宴 잔치 연
*延 끌 연
*沿 물 따라 갈 연
*演 펼 연
然 그럴 연
煙 연기 연
*燃 불탈 연
*燕 제비 연
研 갈 연
緣 인연 연
*軟 연할 연
蓮 연꽃 련(연)
*鉛 납 연
列 벌일 렬(열)
悅 기쁠 열
烈 매울 렬(열)
熱 더울 열
*閱 살펴볼 열
*染 물들일 염
炎 더울 염

*鹽 소금 염
葉 잎 엽
葉 성 섭
*影 그림자 영
*映 비칠 영
榮 영화 영
永 길 영
*泳 헤엄칠 영
*營 경영할 영
英 꽃부리 영
*詠 읊을 영
迎 맞을 영
例 보기 례(예)
藝 재주 예
禮 예도 례(예)
*譽 기릴 예
*豫 미리 예
*銳 날카로울 예
*隸 종. 붙들 례(예)
五 다섯 오
*傲 거만할 오
午 낮 오
吾 나 오
*嗚 탄식할 오
*娛 즐길 오
悟 깨달을 오
汚 더러울 오
烏 까마귀 오
誤 그르칠 오
屋 집 옥
*獄 감옥 옥
玉 구슬 옥
溫 따뜻할 온
*擁 안을 옹
*翁 늙은이 옹
瓦 기와 와
臥 누울 와
完 완전할 완
*緩 늦을 완
曰 가로되 왈
往 갈 왕
王 임금 왕
外 밖 외
*畏 두려울 외
*搖 흔들 요
腰 허리 요
要 요긴할 요
*謠 노래 요
*遙 멀 요
*慾 욕심낼 욕

欲 하고자 할 욕
浴 목욕 욕
辱 욕될 욕
勇 날랠 용
容 얼굴 용
*庸 떳떳할 용
用 쓸 용
*龍 용 룡(용)
于 어조사 우
*偶 짝 우
*優 넉넉할 우
又 또 우
友 벗 우
右 오른쪽 우
宇 집 우
尤 더욱 우
*愚 어리석을 우
憂 근심할 우
牛 소 우
*羽 깃 우
遇 만날 우
*郵 역말 우
雨 비 우
云 이를 운
運 운전할 운
*韻 운 운
雄 수컷 웅
元 으뜸 원
原 근원 원
*員 인원 원
圓 둥글 원
園 동산 원
怨 원망할 원
*援 도울 원
*源 근원 원
遠 멀 원
院 집 원
願 원할 원
月 달 월
*越 넘을 월
位 자리 위
偉 클 위
*僞 거짓 위
危 위태로울 위
*圍 둘레 위
*委 맡길 위
威 위엄 위
*慰 위로할 위
爲 할 위

*緯 씨 위
*胃 밥통 위
*謂 이를 위
*違 어길 위
*衛(衛) 호위할 위
*乳 젖 유
*儒 선비 유
唯 오직 유
幼 어릴 유
*幽 그윽할 유
*悠 멀 유
*惟 생각할 유
*愈 나을 유
有 있을 유
柔 부드러울 유
油 기름 유
猶 오히려 유
由 말미암을 유
*維 맬 유
*裕 넉넉할 유
*誘 꾈 유
遊 놀 유
遺 남길 유
酉 닭 유
六 여섯 륙(육)
肉 고기 육
育 기를 육
陸 뭍 륙(육)
倫 인륜 륜(윤)
*潤 윤택할 윤
*閏 윤달 윤
恩 은혜 은
銀 은 은
*隱 숨을 은
乙 새 을
吟 읊을 음
*淫 음란할 음
陰 그늘 음
音 소리 음
飮 마실 음
泣 울 읍
邑 고을 읍
*凝 엉길 응
應 응할 응
依 의지할 의
*儀 거동 의
*宜 마땅할 의
意 뜻 의
疑 의심할 의
矣 어조사 의

義 옳을·뜻 의	自 스스로 자	*滴 물방울 적	貞 곧을 정	主 임금, 주인 주
衣 옷 의	*資 재물 자	的 과녁, 적실할 적	靜 고요할 정	住 살 주
議 의논할 의	姉(姊) 큰누이 자	*積 쌓을 적	頂 이마 정	*周 두루 주
醫 의원 의	作 지을 작	*籍 호적, 서적 적	*制 억제할 제	*奏 아뢸 주
二 두 이	昨 어제 작	*績 길쌈 적	*堤 둑·제방 제	宙 집 주
以 써 이	*爵 벼슬 작	*賊 도둑 적	帝 임금 제	*州 고을 주
*夷 오랑캐 이	*酌 잔질할 작	赤 붉을 적	弟 아우 제	晝 낮 주
*履 신 리(이)	*殘 남을 잔	*跡 발자취 적	*提 제출할 제	朱 붉을 주
已 이미 이	*暫 잠깐 잠	適 알맞을 적	*濟 건널 제	*柱 기둥 주
李 오얏 리(이)	*潛 잠길 잠	傳 전할 전	祭 제사 제	*株 그루 주
*梨 배 리(이)	*雜 섞을 잡	全 온전할 전	第 차례 제	*注 물댈 주
異 다를 이	*丈 어른 장	典 법 전	*製 지을 제	*洲 물가 주
移 옮길 이	場 마당 장	前 앞 전	諸 모을, 여러 제	珠 구슬 주
而 말이을 이	壯 장할 장	*專 오로지 전	除 덜 제	*舟 배 주
耳 귀 이	將 장수 장	展 펼 전	*際 교제할 제	走 달아날 주
*裏 속 리(이)	*帳 휘장 장	戰 싸움 전	題 제목 제	酒 술 주
益 더할 익	*張 베풀 장	*殿 대궐 전	*齊 가지런할 제	*鑄 부어만들 주
*翼 날개 익	*掌 손바닥 장	田 밭 전	兆 조짐 조	竹 대 죽
人 사람 인	章 글 장	*轉 구를 전	助 도울 조	*俊 준걸 준
仁 어질 인	*粧 단장할 장	錢 돈 전	*弔 조상할 조	*準 법도 준
印 도장 인	腸 창자 장	電 전기 전	*操 잡을 조	*遵 좇을 준
因 인할 인	臟 오장 장	*切 끊을 절	早 이를 조	中 가운데 중
*姻 혼인할 인	*莊 장중할 장	*切 모두 체	朝 아침 조	*仲 버금 중
寅 동방,범 인	葬 장사 장	*折 꺾을 절	*條 가지 조	衆 무리 중
引 끌 인	*藏 감출 장	*竊 도둑질 절	*潮 조수 조	重 무거울 중
忍 참을 인	*裝 쌀 장	節 마디 절	*照 비칠 조	卽(即) 곧 즉
認 알 인	長 길 장	絶 뛰어날 절	*燥 마를 조	增 더할 증
*隣 이웃 린(인)	*障 막힐 장	絶 끊을 절	祖 할아비 조	憎 미워할 증
一 한 일	*奬 권면할 장	*占 점칠 점	*租 구실 조	曾 일찍이 증
日 날 일	*牆(墻) 담 장	店 가게 점	*組 인끈, 짤 조	*症 병·증세 증
*逸 잃을 일	再 두 재	*漸 점점 점	調 고를 조	*蒸 찔 증
*任 맡길 임	哉 어조사 재	*點 점 점	造 지을 조	證 증거 증
壬 북방 임	在 있을 재	接 닿을 접	鳥 새 조	*贈 줄 증
林 수풀 림(임)	*宰 재상 재	蝶 나비 접	族 겨레 족	之 갈, 어조사 지
*賃 품삯 임	才 재주 재	丁 장정 정	足 발 족	只 다만 지
入 들 입	材 재목 재	井 우물 정	存 있을 존	地 따(땅) 지
立 설 립(입)	栽 심을 재	*亭 정자 정	尊 높일 존	志 뜻 지
	*災 재앙 재	停 머무를 정	卒 마칠 졸	持 가질 지
ㅈ	*裁 마를 재	定 정할 정	*拙 못날 졸	指 가리킬 지
*刺 찌를 자	財 재물 재	庭 뜰 정	宗 마루 종	支 지탱할 지
*刺 찌를 척	*載 실을 재	廷 조정 정	從 좇을 종	*智 지혜 지
*刺 나무랄 체	爭 다툴 쟁	*征 칠 정	種 씨 종	枝 가지 지
*姿 태도 자	低 낮을 저	情 정 정	終 마칠 종	止 그칠 지
子 아들 자	底 밑 저	政 정사 정	*縱 세로 종	*池 못 지
字 글자 자	*抵 막을 저	*整 가지런할 정	鐘 쇠북 종	知 알 지
*恣 방자할 자	著 나타날 저	正 바를 정	*佐 도울 좌	紙 종이 지
慈 자비로울 자	貯 쌓을 저	淨 깨끗할 정	坐 앉을 좌	至 이를 지
*玆 이 자	*寂 고요할 적	*程 법, 한도 정	左 왼 좌	*誌 기록할 지
*紫 자줏빛 자	摘 딸 적	精 정미할 정	*座 자리 좌	*遲 더딜 지
者 놈 자	敵 대적할 적	*訂 고칠 정	罪 죄 죄	直 곧을 직

*織 짤 직	冊(册) 책 책	*催 재촉할 최	ㅋ	*頗 자못, 치우칠 파
*職 맡을 직	妻 아내 처	最 가장 최	快 시원할 쾌	判 판단할 판
*振 떨칠 진	處 곳 처	*抽 뺄, 뽑을 추		*板 널조각 판
*珍 보배 진	尺 자 척	推 옮을 추	ㅌ	*版 판목, 조각 판
盡 다할 진	*戚 겨레 척	推 밀 퇴	他 남 타	*販 팔 판
眞 참 진	*拓 넓힐 척	秋 가을 추	*墮 떨어질 타	八 여덟 팔
辰 별 진(신)	*拓 박을 탁	追 쫓을 추	*妥 온당할 타	敗 패할 패
進 나아갈 진	*斥 쫓을 척	*醜 추할 추	打 칠 타	貝 조개 패
*鎭 진압할 진	千 일천 천	丑 소 축	卓 높을 탁	便 편할 편
*陣 진칠 진	天 하늘 천	畜 가축 축	*托 받칠 탁	便 동오줌 변
*陳 늘어놓을 진	川 내 천	祝 빌 축	*濁 흐릴 탁	*偏 치우칠 편
*震 진동할 진	泉 샘 천	*築 쌓을 축	*濯 빨래할 탁	片 조각 편
*姪 조카 질	淺 얕을 천	*縮 오그라질 축	*彈 탄환 탄	篇 책 편
*疾 병 질	*薦 천거할 천	*蓄 쌓을 축	*歎 탄식할 탄	*編 엮을 편
秩 차례 질	賤 천할 천	逐 쫓을 축	炭 숯 탄	*遍 두루 편
質 바탕 질	*踐 밟을 천	春 봄 춘	*誕 태어날 탄	平 평평할 평
質 폐백 지	遷 옮길 천	出 날 출	*奪 빼앗을 탈	*評 평할 평
執 잡을 집	*哲 밝을 철	充 찰 충	脫 벗을 탈	*幣 폐백 폐
集 모을 집	*徹 통할 철	忠 충성 충	探 찾을 탐	*廢 폐할 폐
*徵 징험할 징	鐵 쇠 철	蟲 벌레 충	*貪 탐할 탐	*弊 폐단 폐
*懲 징계할 징	*尖 뾰족할 첨	*衝 찌를 충	*塔 탑 탑	*肺 허파 폐
	*添 더할 첨	取 취할 취	*湯 끓일 탕	*蔽 가릴 폐
ㅊ	妾 첩 첩	吹 불 취	太 클, 콩 태	閉 닫을 폐
且 또 차	*廳 관청 청	就 나아갈 취	*怠 게으를 태	*包 쌀 포
借 버릴 차	晴 갤 청	*臭 냄새 취	*態 태도 태	布 베, 펼 포
*差 어긋날 차	淸 맑을 청	趣 취미 취	*殆 위태로울 태	抱 안을 포
*差 층질 치	聽 들을 청	*醉 취할 취	泰 클, 편안할 태	捕 잡을 포
次 버금 차	請 청할 청	*側 곁 측	宅 집 택	*浦 갯가 포
此 이 차	靑 푸를 청	*測 측량할 측	宅 댁 댁	*胞 태보 포
*錯 섞일 착	*替 바꿀 체	層 층 층	*擇 가릴 택	*飽 배부를 포
*捉 잡을 착	*滯 막힐 체	*値 값 치	*澤 못 택	幅 폭 폭
着 붙을 착	*逮 잡을 체	*恥 부끄러울 치	*吐 토할 토	暴 사나울 폭(포)
*讚 기릴, 칭찬할 찬	*遞 역말 체	治 다스릴 지	土 흙 토	*爆 폭발할 폭
*贊 찬성할 찬	體 몸 체	置 둘 치	*討 칠 토	*標 표 표
察 살필 찰	初 처음 초	致 이를 치	*痛 아플 통	*漂 뜰 표
*慘 참혹할 참	*抄 베낄 초	齒 이 치	統 거느릴 통	*票 표 표
*慙 부끄러워할 참	招 부를 초	則 법칙 칙	通 통할 통	表 겉 표
倉 곳집 창	*礎 주춧돌 초	則 곧 즉	退 물러갈 퇴	品 품수 품
*創 비롯할 창	*秒 초 초(묘)	親 친할 친	投 던질 투	風 바람 풍
唱 부를 창	肖 닮을 초	七 일곱 칠	*透 통할 투	豊(豐) 풍성할 풍
昌 창성할 창	草 풀 초	漆 옻 칠	*鬪 싸울 투	彼 저 피
*暢 화창할 창	超 뛰어넘을 초	*侵 침노할 침	特 특별할 특	*疲 피곤할 피
窓 창 창	*促 재촉할 촉	*寢 잠잘 침		皮 가죽 피
*蒼 푸를 창	*燭 촛불 촉	*枕 베개 침	ㅍ	*被 입을 피
*債 빚 채	*觸 닿을 촉	沈 잠길 침	*把 쥘 파	*避 피할 피
*彩 채색 채	寸 마디 촌	*沈 성 심	*播 씨뿌릴 파	匹 짝 필
採 캘 채	村 마을 촌	*浸 잠길 침	波 물결 파	必 반드시 필
菜 나물 채	*總 다 총	針 바늘 침	*派 물갈래 파	*畢 마칠 필
*策 꾀 책	*聰 귀 밝을 총	稱 일컬을 칭	破 깨뜨릴 파	筆 붓 필
責 꾸짖을 책	*銃 총 총		*罷 파할 파	

ㅎ

下 아래 하
何 어찌 하
夏 여름 하
河 물 하
*荷 멜·연꽃 하
賀 하례할 하
學 배울 학
*鶴 두루미 학
寒 찰 한
恨 원한 한
*旱 가물 한
*汗 땀 한
漢 한수 한
閑 한가할 한
限 한할 한
韓 나라 한
*割 나눌 할
*含 머금을 함
*咸 다 함
*陷 빠질 함
合 합할 합
*巷 거리 항
恒 항상 항
*抗 대항할 항
*港 항구 항
*航 배 항
*項 목 항
亥 돼지 해
*奚 어찌 해
害 해할 해
海 바다 해
解 풀 해
*該 갖출 해
*核 씨 핵
幸 다행 행
行 갈 행
行 행위 행
行 줄 항
*享 누릴 향
向 향할 향
鄕 시골 향
*響 울릴 향
香 향기 향
虛 빌 허
許 허락할 허
*憲 법 헌
*獻 드릴 헌
*軒 초헌 헌
*險 험할 험
*驗 시험할 험

革 가죽 혁
*懸 매달 현
*玄 검을 현
現 나타날 현
*絃 줄 현
*縣 고을 현
賢 어질 현
*顯 나타날 현
*穴 구멍 혈
血 피 혈
*嫌 싫어할 혐
協 화할 협
*脅 위협할 협
*亨 형통할 형
兄 형 형
刑 형벌 형
形 얼굴 형
*螢 반딧불 형
*衡 저울대 형
*兮 어조사 혜
惠 은혜 혜
*慧 지혜 혜
乎 어조사 호
*互 서로 호
呼 부를 호
好 좋을 호
*毫 털 호
*浩 넓을 호
湖 호수 호
*胡 오랑캐 호
虎 범 호
號 부르짖을 호
*護 보호할 호
*豪 호걸 호
戶 지게 호
*惑 미혹할 혹
或 혹 혹
婚 혼인할 혼
*昏 어두울 혼
混 섞일 혼
魂 넋 혼
*忽 문득 홀
*弘 클 홍
*洪 넓을 홍
紅 붉을 홍
*鴻 기러기 홍
化 될 화
和 화목할 화
火 불 화
*禍 재앙 화
*禾 벼 화

花 꽃 화
華 빛날 화
話 말씀 화
貨 재화 화
畫 그림 화
畫 그을 획
*擴 넓힐 확
*確 확실할 확
*穫 거둘 확
*丸 둥글 환
患 근심할 환
*換 바꿀 환
歡 기쁠 환
*環 고리 환
*還 돌아올 환
活 살 활
*況 하물며 황
皇 임금 황
*荒 거칠 황
黃 누를 황
回 돌 회
*悔 뉘우칠 회
*懷 품을 회
會 모을, 모임 회
*獲 얻을 획
*劃(畫) 그을 획
*橫 가로 횡
孝 효도 효
*曉 새벽 효
效(効) 본받을 효
*侯 제후 후
*候 기후 후
厚 두터울 후
後 뒤 후
訓 가르칠 훈
*毁 헐 훼
*揮 휘두를 휘
*輝 빛날 휘
休 쉴 휴
*携 가질 휴
凶 흉할 흉
胸 가슴 흉
黑 검을 흑
*吸 빨아들일 흡
興 흥할 흥
喜 기쁠 희
希 바랄 희
*稀 드물 희
*戲(戯) 희롱할 희

Index

ㄱ

家家戶戶(가가호호)	14
街談巷說(가담항설)	112
苛斂誅求(가렴주구)	168
佳人薄命(가인박명)	112
刻舟求劍(각주구검)	14
肝膽相照(간담상조)	113
看雲步月(간운보월)	113
渴而穿井(갈이천정)	114
甘言利說(감언이설)	114
居安思危(강구연월)	168
改過遷善(개과천선)	115
蓋世之才(개세지재)	169
康衢煙月(거안사위)	115
車載斗量(거재두량)	116
乾坤一色(건곤일색)	15
乾坤一擲(건곤일척)	116
建陽多慶(건양다경)	15
乞骸骨(걸해골)	169
隔世之感(격세지감)	117
隔靴搔痒(격화소양)	170
見利思義(견리사의)	16
犬馬之誠(견마지성)	16
見蚊拔劍(견문발검)	117
犬兔之爭(견토지쟁)	170
結者解之(결자해지)	17
結草報恩(결초보은)	17
傾國之色(경국지색)	118
耕山釣水(경산조수)	118
鯨戰蝦死(경전하사)	119
鷄口牛後(계구우후)	119
鷄卵有骨(계란유골)	18
鷄肋(계륵)	120
鷄鳴狗盜(계명구도)	120
股肱之臣(고굉지신)	121
膏粱子弟(고량자제)	121
鼓腹擊壤(고복격양)	122
孤雲野鶴(고운야학)	122
苦盡甘來(고진감래)	18
曲學阿世(곡학아세)	123
空中樓閣(공중누각)	123
公平無私(공평무사)	19
過猶不及(과유불급)	19
管鮑之交(관포지교)	20
刮目相對(괄목상대)	124
矯角殺牛(교각살우)	124
巧言令色(교언영색)	171
交友以信(교우이신)	20
教學相長(교학상장)	21
九曲肝腸(구곡간장)	125
句句節節(구구절절)	21
口蜜腹劍(구밀복검)	171
九死一生(구사일생)	22
口尚乳臭(구상유취)	125
九折羊腸(구절양장)	126
群鷄一鶴(군계일학)	22
君臣有義(군신유의)	23
君爲臣綱(군위신강)	23
君子三樂(군자삼락)	126
窮餘之策(궁여지책)	172
勸善懲惡(권선징악)	24
捲土重來(권토중래)	127
克己復禮(극기복례)	172
金蘭之契(금란지계)	127
金蘭之交(금란지교)	24
錦上添花(금상첨화)	128
今昔之感(금석지감)	25
金石之交(금석지교)	25
琴瑟之樂(금슬지락)	128
錦衣夜行(금의야행)	129
錦衣還鄕(금의환향)	173
金枝玉葉(금지옥엽)	26
起死回生(기사회생)	26
杞人之憂(기인지우)	27
騎虎之勢(기호지세)	173
奇貨可居(기화가거)	129

ㄴ

洛陽之價(낙양지가)	130
難兄難弟(난형난제)	27
南柯之夢(남가지몽)	174
南橘北枳(남귤북지)	174
男女老少(남녀노로소)	28
男負女戴(남부여대)	130
囊中之錐(낭중지추)	175
內憂外患(내우외환)	175
老馬之智(노(로)마지지)	131
論功行賞(논공행상)	176
弄瓦之慶(농와지경)	131
累卵之危(누란지위)	176
陵遲處斬(능지처참)	132

ㄷ

多岐亡羊(다기망양)	177
多多益善(다다익선)	28
多事多難(다사다난)	132
斷機之戒(단기지계)	133
單刀直入(단도직입)	29
簞食瓢飮(단사표음)	177
斷腸(단장)	178
堂拘風月(당구풍월)	133
黨同伐異(당동벌이)	178
螳螂拒轍(당랑거철)	179
大器晩成(대기만성)	29
大義名分(대의명분)	134
桃園結義(도원결의)	179
道聽塗說(도청도설)	180
塗炭之苦(도탄지고)	180

獨不將軍(독불장군)	134	聞一知十(문일지십)	38	氷炭之間(빙탄지간)	192
讀書亡羊(독서망양)	30	門前成市(문전성시)	185		
讀書三昧(독서삼매)	135	勿失好機(물실호기)	186	**ㅅ**	
讀書尙友(독서상우)	135	彌縫策(미봉책)	186	舍己從人(사기종인)	45
冬去春來(동거춘래)	30	尾生之信(미생지신)	38	四端(사단)	193
東問西答(동문서답)	31	密雲不雨(밀운불우)	187	四面楚歌(사면초가)	141
同病相憐(동병상련)	181			思無邪(사무사)	142
同床異夢(동상이몽)	181	**ㅂ**		砂上樓閣(사상누각)	46
登高自卑(등고자비)	182	博而不精(박이부정)	139	師弟同行(사제동행)	46
登龍門(등용문)	136	反哺之孝(반포지효)	39	蛇足(사족)	142
燈下不明(등하불명)	31	拔本塞源(발본색원)	39	事親以孝(사친이효)	47
燈火可親(등화가친)	32	拔山蓋世(발산개세)	187	四通八達(사통팔달)	143
		傍若無人(방약무인)	188	事必歸正(사필귀정)	47
ㅁ		蚌鷸之爭(방휼지쟁)	40	山高水長(산고수장)	48
馬耳東風(마이동풍)	32	背水之陣(배수지진)	40	殺身成仁(살신성인)	48
麻中之蓬(마중지봉)	182	杯中蛇影(배중사영)	188	三顧草廬(삼고초려)	193
莫逆之友(막역지우)	33	百年大計(백년대계)	41	三馬太守(삼마태수)	49
輓歌(만가)	183	百年河淸(백년하청)	41	三三五五(삼삼오오)	49
萬壽無疆(만수무강)	136	伯牙絶鉉(백아절현)	139	三人成虎(삼인성호)	50
望雲之情(망운지정)	33	百折不屈(백절불굴)	140	三日天下(삼일천하)	50
亡子計齒(망자계치)	34	百尺竿頭(백척간두)	189	三尺童子(삼척동자)	51
梅蘭菊竹(매란국죽)	34	步武堂堂(보무당당)	42	三遷之敎(삼천지교)	51
麥秀之嘆(맥수지탄)	35	封庫罷職(봉고파직)	189	傷弓之鳥(상궁지조)	143
盲人摸象(맹인모상)	183	夫婦有別(부부유별)	42	桑田碧海(상전벽해)	194
明明白白(명명백백)	35	夫爲婦綱(부위부강)	43	塞翁之馬(새옹지마)	52
明眸皓齒(명모호치)	137	父爲子綱(부위자강)	43	先見之明(선견지명)	52
名山大川(명산대천)	36	父子有親(부자유친)	44	先公後私(선공후사)	53
名實相符(명실상부)	184	釜中之魚(부중지어)	190	雪膚花容(설부화용)	53
明若觀火(명약관화)	36	附和雷同(부화뇌동)	140	雪上加霜(설상가상)	54
毛遂自薦(모수자천)	137	焚書坑儒(분서갱유)	190	小貪大失(소탐대실)	144
矛盾(모순)	184	不俱戴天(불구대천)	191	束手無策(속수무책)	144
目不識丁(목불식정)	37	朋友有信(붕우유신)	44	送舊迎新(송구영신)	54
猫頭縣鈴(묘두현령)	138	悲憤慷慨(비분강개)	191	松茂柏悅(송무백열)	145
武陵桃源(무릉도원)	138	脾肉之嘆(비육지탄)	192	首丘初心(수구초심)	194
刎頸之交(문경지교)	185	非一非再(비일비재)	45	首尾一貫(수미일관)	145
文房四友(문방사우)	37	氷山一角(빙산일각)	141	壽福康寧(수복강녕)	146

手不釋卷(수불석권)	55	
漱石枕流(수석침류)	195	
水魚之交(수어지교)	55	
水滴穿石(수적천석)	195	
守株待兎(수주대토)	56	
宿虎衝鼻(숙호충비)	146	
脣亡齒寒(순망치한)	56	
是是非非(시시비비)	57	
始終如一(시종여일)	57	
身言書判(신언서판)	58	
十中八九(십중팔구)	58	

ㅇ

阿鼻叫喚(아비규환)	196
阿修羅場(아수라장)	196
我田引水(아전인수)	59
安貧樂道(안빈낙도)	59
眼下無人(안하무인)	60
愛人如己(애인여기)	60
愛之重之(애지중지)	61
野壇法席(야단법석)	197
藥房甘草(약방감초)	61
良禽擇木(양금택목)	197
羊頭狗肉(양두구육)	147
梁上君子(양상군자)	198
良藥苦口(양약고구)	147
魚頭肉尾(어두육미)	148
漁夫之利(어부지리)	62
言中有骨(언중유골)	62
與民同樂(여민동락)	148
易地思之(역지사지)	63
年年歲歲(연년세세)	63
緣木求魚(연목구어)	149
榮枯盛衰(영고성쇠)	64
五里霧中(오리무중)	64
吾鼻三尺(오비삼척)	65

烏飛梨落(오비이락)	65
五十步百步(오십보백보)	66
吳越同舟(오월동주)	149
烏合之卒(오합지졸)	66
溫故知新(온고지신)	67
溫柔敦厚(온유돈후)	150
臥薪嘗膽(와신상담)	67
完璧(완벽)	198
王兄佛兄(왕형불형)	68
外柔內剛(외유내강)	68
樂山樂水(요산요수)	69
欲速不達(욕속부달)	69
龍頭蛇尾(용두사미)	70
愚公移山(우공이산)	151
牛耳讀經(우이독경)	70
雲泥之差(운니지차)	199
月下氷人(월하빙인)	199
衛正斥邪(위정척사)	71
韋編三絶(위편삼절)	71
有口無言(유구무언)	72
有名無實(유명무실)	72
有備無患(유비무환)	73
柳暗花明(유암화명)	73
唯一無二(유일무이)	74
有害無益(유해무익)	74
隱忍自重(은인자중)	150
陰德陽報(음덕양보)	75
泣斬馬謖(읍참마속)	200
意氣揚揚(의기양양)	75
以德服人(이덕복인)	76
以心傳心(이심전심)	76
以熱治熱(이열치열)	77
離合集散(이합집산)	200
利害得失(이해득실)	77
益者三友(익자삼우)	201
因果應報(인과응보)	151

人之常情(인지상정)	78
一刻千金(일각천금)	152
一擧兩得(일거양득)	78
一網打盡(일망타진)	152
一石二鳥(일석이조)	79
一進一退(일진일퇴)	79
一寸光陰(일촌광음)	153
日就月將(일취월장)	80
一片丹心(일편단심)	80
立身揚名(입신양명)	81

ㅈ

自家撞着(자가당착)	201
自强不息(자강불식)	81
自繩自縛(자승자박)	202
子子孫孫(자자손손)	82
作心三日(작심삼일)	82
長幼有序(장유유서)	83
賊反荷杖(적반하장)	153
前途有望(전도유망)	83
戰戰兢兢(전전긍긍)	154
輾轉反側(전전반측)	202
轉禍爲福(전화위복)	154
絶代佳人(절대가인)	155
絶長補短(절장보단)	155
切磋琢磨(절차탁마)	84
切齒腐心(절치부심)	156
漸入佳境(점입가경)	203
頂門一針(정문일침)	84
正正堂堂(정정당당)	85
糟糠之妻(조강지처)	156
朝令暮改(조령모개)	85
朝變夕改(조변석개)	86
朝三暮四(조삼모사)	86
助長(조장)	157
坐不安席(좌불안석)	87

座右銘(좌우명)	203
坐井觀天(좌정관천)	87
左衝右突(좌충우돌)	88
晝耕夜讀(주경야독)	88
走馬看山(주마간산)	89
酒池肉林(주지육림)	89
竹馬故友(죽마고우)	90
衆口難防(중구난방)	90
知己之友(지기지우)	91
指東指西(지동지서)	91
芝蘭之交(지란지교)	92
指鹿爲馬(지록위마)	92
知彼知己(지피지기)	93
紙筆硯墨(지필연묵)	93
知行合一(지행합일)	94
珍羞盛饌(진수성찬)	204
進退兩難(진퇴양난)	204
集小成大(집소성대)	94

ㅊ

借廳借閨(차청차규)	157
滄海一粟(창해일속)	205
天長地久(천장지구)	95
千篇一律(천편일률)	95
徹頭徹尾(철두철미)	158
晴耕雨讀(청경우독)	96
靑松綠竹(청송녹죽)	96
靑雲之志(청운지지)	97
靑天霹靂(청천벽력)	205
靑出於藍6(청출어람)	97
淸風明月(청풍명월)	98
草綠同色(초록동색)	98
初志不變(초지불변)	99
推己及人(추기급인)	99
追遠報本(추원보본)	100
秋風落葉(추풍낙엽)	100
忠言逆耳(충언역이)	206
七去之惡(칠거지악)	206

ㅌ

他山之石(타산지석)	101
貪官汚吏(탐관오리)	207
泰山北斗(태산북두)	101
兔死狗烹(토사구팽)	158
推敲(퇴고)	159

ㅍ

破瓜之年(파과지년)	159
破邪顯正(파사현정)	160
破竹之勢(파죽지세)	102
咆虎馮河(포호빙하)	207
風飛雹散(풍비박산)	208
風樹之嘆(풍수지탄)	102
風前燈火(풍전등화)	103
皮骨相接(피골상접)	103
匹夫匹婦(필부필부)	160

ㅎ

鶴首苦待(학수고대)	161
學如不及(학여불급)	104
涸轍鮒魚(학철부어)	208
漢江投石(한강투석)	104
邯鄲之夢(한단지몽)	161
咸興差使(함흥차사)	162
行雲流水(행운유수)	162
懸河之辨(현하지변)	163
螢雪之功(형설지공)	105
兄弟投金(형제투금)	105
形形色色(형형색색)	106
狐假虎威(호가호위)	106
糊口之策(호구지책)	163
浩然之氣(호연지기)	164
胡蝶之夢(호접지몽)	164
魂飛魄散(혼비백산)	209
昏定晨省(혼정신성)	165
弘益人間(홍익인간)	209
畫龍點睛(화룡점정)	107
花朝月夕(화조월석)	107
畫中之餠(화중지병)	165
換骨奪胎(환골탈태)	210
會者定離(회자정리)	108
嚆矢(효시)	210
後生可畏(후생가외)	108
厚顔無恥(후안무치)	166
興亡盛衰(흥망성쇠)	109
興盡悲來(흥진비래)	109
喜怒哀樂(희로애락)	110

MEMO

MEMO

MEMO

부수명칭(部首名稱)

	1획				
一	한 일	大	큰 대	木	나무 목
丨	뚫을 곤	女	계집 녀	欠	하품 흠
丶	점 주(점)	子	아들 자	止	그칠 지
丿	삐칠 별(삐침)	宀	집 면(갓머리)	歹(歺)	뼈앙상할 알(죽을사변)
乙(乚)	새 을	寸	마디 촌	殳	칠 수 (갖은등글월문)
亅	갈고리 궐	小	작을 소	毋	말 무
	2획	尢(尣)	절름발이 왕	比	견줄 비
二	두 이	尸	주검 시	毛	터럭 모
亠	머리 두(돼지해머리)	屮(艸)	싹날 철	氏	각시 씨
人(亻)	사람 인(인변)	山	메 산	气	기운 기
儿	어진사람 인	巛(川)	개미허리(내 천)	水(氵)	물 수(삼수변)
入	들 입	工	장인 공	火(灬)	불 화
八	여덟 팔	己	몸 기	爪(爫)	손톱 조
冂	멀 경(멀경몸)	巾	수건 건	父	아비 부
冖	덮을 멱(민갓머리)	干	방패 간	爻	점괘 효
冫	얼음 빙(이수변)	幺	작을 요	爿	조각널 장(장수장변)
几	안석 궤(책상궤)	广	집 엄(엄호)	片	조각 편
凵	입벌릴 감 (위터진입구)	廴	길게걸을 인(민책받침)	牙	어금니 아
刀(刂)	칼 도	廾	손맞잡을 공(밑스물입)	牛(牜)	소 우
力	힘 력	弋	주살 익	犬(犭)	개 견
勹	쌀 포	弓	활 궁		5획
匕	비수 비	彐(彑)	돼지머리 계(터진가로왈)	玄	검을 현
匚	상자 방(터진입구)	彡	터럭 삼(삐친석삼)	玉(王)	구슬 옥
匸	감출 혜(터진에운담)	彳	조금걸을 척(중인변)	瓜	오이 과
十	열 십		4획	瓦	기와 와
卜	점 복	心(忄·㣺)	마음 심(심방변)	甘	달 감
卩(㔾)	병부 절	戈	창 과	生	날 생
厂	굴바위 엄(민엄호)	戶	지게 호	用	쓸 용
厶	사사로울 사(마늘모)	手(扌)	손 수(재방변)	田	밭 전
又	또 우	支	지탱할 지	疋	필 필
	3획	支(攵)	칠 복 (등글월문)	疒	병들 녁(병질엄)
口	입 구	文	글월 문	癶	걸을 발(필발머리)
囗	에울 위(큰입구)	斗	말 두	白	흰 백
土	흙 토	斤	도끼 근(날근)	皮	가죽 피
士	선비 사	方	모 방	皿	그릇 명
夂	뒤쳐올 치	无(旡)	없을 무(이미기방)	目(罒)	눈 목
夊	천천히걸을 쇠	日	날 일	矛	창 모
夕	저녁 석	曰	가로 왈	矢	화살 시
		月	달 월	石	돌 석

示(礻)	보일 시		谷	골 곡		\multicolumn{2}{c}{10 획}
内	짐승발자국 유		豆	콩 두		馬	말 마
禾	벼 화		豕	돼지 시		骨	뼈 골
穴	구멍 혈		豸	발없는벌레 치(갖은돼지시변)		高	높을 고
立	설 립		貝	조개 패		髟	머리털늘어질 표(터럭발)

6 획

竹	대 죽
米	쌀 미
糸	실 사
缶	장군 부
网(罒·罓)	그물 망
羊	양 양
羽	깃 우
老(耂)	늙을 로
而	말이을 이
耒	쟁기 뢰
耳	귀 이
聿	붓 율
肉(月)	고기 육(육달월변)
臣	신하 신
自	스스로 자
至	이를 지
臼	절구 구(확구)
舌	혀 설
舛(牟)	어그러질 천
舟	배 주
艮	그칠 간
色	빛 색
艸(艹)	풀 초(초두)
虍	범의문채 호(범호)
虫	벌레 충(훼)
血	피 혈
行	다닐 행
衣(衤)	옷 의
襾	덮을 아

7 획

見	볼 견
角	뿔 각
言	말씀 언

赤	붉을 적
走	달아날 주
足(𧾷)	발 족
身	몸 신
車	수레 거
辛	매울 신
辰	별 진
辵(辶)	쉬엄쉬엄갈 착(책받침)
邑(阝)	고을 읍(우부방)
酉	닭 유
釆	분별할 변
里	마을 리

8 획

金	쇠 금
長(镸)	길 장
門	문 문
阜(阝)	언덕 부(좌부방)
隶	미칠 이
隹	새 추
雨	비 우
靑	푸를 청
非	아닐 비

9 획

面	낯 면
革	가죽 혁
韋	다룸가죽 위
韭	부추 구
音	소리 음
頁	머리 혈
風	바람 풍
飛	날 비
食(𩙿)	밥 식(변)
首	머리 수
香	향기 향

鬥	싸울 투
鬯	술 창
鬲	솥 력
鬼	귀신 귀

11 획

魚	물고기 어
鳥	새 조
鹵	소금밭 로
鹿	사슴 록
麥	보리 맥
麻	삼 마

12 획

黃	누를 황
黍	기장 서
黑	검을 흑
黹	바느질할 치

13 획

黽	맹꽁이 맹
鼎	솥 정
鼓	북 고
鼠	쥐 서

14 획

鼻	코 비
齊	가지런할 제

15 획

齒	이 치

16 획

龍	용 룡
龜	거북 귀(구)

17 획

龠	피리 약변

*는 부수의 변형글자
*忄 심방(변)　*扌 재방(변)
*氵 삼수(변)　*犭 개사슴록(변)
*阝(邑) 우부(방)　*阝(阜) 좌부(변)